D1690478

DELIUS KLASING

Udo Stünkel

BMW-MOTORRÄDER TYPENKUNDE

Alle Serienmodelle ab 1923

Delius Klasing Verlag

Außerdem sind in dieser Buchreihe erschienen:
BMW Typenkunde
Citroën Typenkunde
Ford Typenkunde
Opel Typenkunde (2 Bände)
Porsche Typenkunde
Volvo Typenkunde

Bibliografische Information der Deutschen Nationalbibliothek
Die Deutsche Nationalbibliothek verzeichnet diese Publikation in der Deutschen Nationalbibliografie; detaillierte bibliografische Daten sind im Internet über http://dnb.d-nb.de abrufbar.

1. Auflage 2008
ISBN 978-3-7688-2451-4
© by Delius, Klasing & Co. KG, Bielefeld

Abbildungen:
BMW Presse: 7, 8, 9, 10, 12 o., 14, 16 o., 18, 20 o., 22, 25, 27 o., 30 o., 32 u., 34, 37, 41, 43, 45, 46, 48, 49, 51, 53, 54, 55, 57, 59, 60 u., 63 o., 67, 69, 73 o., 75, 77 u., 81, 83 o., 86, 87 u., 89 o., 91, 94, 96, 97, 101, 103, 104, 106, 108, 109, 110, 112, 114, 115, 117, 119, 120, 121, 123, 126, 127, 129, 131, 132, 133, 134, 135, 136, 138, 139 o., 141, 143 o., 145, 149, 151, 152, 154, 155, 157, 158
BMW Historisches Archiv: 16 o., 18 o., 20 u., 24 u., 27 u., 28 o., 30 u., 35 u., 38, 62 o., 63 u., 66, 72, 73 u., 78, 79 u., 83 u., 87 o., 88, 90, 139 u.
Archiv Andy Schwietzer: 12 u., 24 o., 64, 70, 77 o., 79 o., 84, 91 u., 92, 98, 100, 143 u., 147
Archiv Peter Kurze: 28 u., 32 o., 35 o., 40, 60 o.
Einbandgestaltung und Layout: Gabriele Engel
Reproduktionen: Lithotronic, Frankfurt a. M.
Druck: Print Consult, München

Alle Rechte vorbehalten! Ohne ausdrückliche Erlaubnis des Verlages darf das Werk, auch nicht Teile daraus, weder reproduziert, übertragen noch kopiert werden, wie z. B. manuell oder mithilfe elektronischer und mechanischer Systeme inklusive Fotokopieren, Bandaufzeichnung und Datenspeicherung.

Delius Klasing Verlag, Siekerwall 21, D - 33602 Bielefeld
Tel.: 0521/559-0, Fax: 0521/559-115
E-Mail: info@delius-klasing.de
www.delius-klasing.de

Quellen- und Literaturverzeichnis:
BMW AG – Historisches Archiv München sowie Presseunterlagen
Heinz Härtel: BMW-Motorräder Typen und Technik, Frankfurt/M. 1976
Stefan Knittel: BMW Motorräder. 75 Jahre Tradition und Innovation, Stuttgart 1997
Stefan Knittel: BMW-Motorräder Zweizylinder 1950–73 (SMC), München 1989
Stefan Knittel: BMW-Motorräder 1923–1939, Stuttgart 2000
Jan Leek: BMW GS (SMC), Stuttgart 2001
Jan Leek: BMW-Motorräder seit 1970 (SMC), Stuttgart 2000
Jan Leek: Typenkompass BMW, Stuttgart 2005
Ernst Leverkus: Motorräder der 50er (60er, 70er) Jahre, Stuttgart 1991 u. 1993
Hans-Joachim Mai: 1000 Tricks für schnelle BMWs, Stuttgart 1991
Horst Mönnich: BMW – Eine Deutsche Geschichte, München 1991
Hans-Jürgen Schneider/Axel Königsbeck: Faszination BMW GS, Normandie 2007
Ulrich Schwab: Motorräder 1970 bis 1992, Stuttgart 1993
Andy Schwietzer: »Motorräder die Geschichte machten« – BMW Die Einzylinder, Stuttgart 1996
Andy Schwietzer: Eisernes aus Eisenach, Bodenstein 2002
Andy Schwietzer: BMW Boxer (Band 1), Bodenstein 2006
Wolfgang Zeyen / Jan Leek: BMW Motorräder seit 1923, Stuttgart 2004
»Wartung und Reparatur«: BMW K 75 und 100, Kiel 1999; BMW R 850, 1100 und 1150, Kiel 2005; BMW R 1200, Kiel 2007

Inhalt

Einleitung 7

BMW-Motorräder bis 1945 . . 10
- R 32 10
- R 37 12
- R 39 12
- R 42 14
- R 47 14
- R 52 16
- R 62 16
- R 57 18
- R 63 18
- R 11 20
- R 16 20
- R 2 22
- R 4, R 3 24
- R 12, R 17 24
- R 5, R 51 27
- R 6, R 61 28
- R 35 30
- R 20, R 23 30
- R 66 32
- R 71 34
- R 75 34

BMW-Einzylinder ab 1948 . . 37
- R 24 37
- R 25 38
- R 25/2 38
- R 25/3 40
- R 26 43
- R 27 43
- F 650 45
- F 650 ST 46
- F 650 GS 48
- C1 49
- F 650 GS Dakar 51
- F 650 SC Scarver 53
- G 650 Xchallenge 53
- G 650 Xcountry 54
- G 650 Xmoto 55

BMW-Zweizylinder ab 1950 . 57
- R 51/2 57
- R 51/3 57
- R 67 59
- R 68 60
- R 50 62
- R 69 63
- R 60 64
- R 50 S 66
- R 69 S 67
- R 75/5, R 60/5, R 50/5 . . . 69
- R 90/6, R 75/6, R 60/6 . . . 72
- R 90 S 75
- R 100/7, R 75/7, R 60/7 . . . 77
- R 100 S, R 100 CS 78
- R 100 RS 81
- R 80/7, R 80 83
- R 45 86
- R 65, R 65 LS 87
- R 100 T, R 100 90
- R 100 RT 91
- R 80 RT 92
- R 80 G/S 93
- R 80 ST 94
- R 80 GS 96
- R 100 GS 97
- R 65 GS 98
- R 100 R, R 80 R 100
- R 1100 RS 103
- R 1100 GS, R 850 GS 104
- R 1100 R, R 850 R 106
- R 1100 RT 108
- R 1200 C, R 850 C 109
- R 1100 S 112
- R 1150 GS, Adventure . . . 113
- R 1150 R, R 850 R, Rockster 114
- R 1150 RT 117
- R 1150 RS 117
- R 1200 CL 119
- R 1200 GS, Adventure . . . 120
- R 1200 RT 123
- R 1200 ST 124
- HP2 126
- R 1200 S 127
- F 800 S, F 800 ST 129
- R 1200 R 131
- HP2 Megamoto 132
- HP2 Sport 134
- F 800 GS, F 650 GS 135

BMW-Drei- und Vierzylinder ab 1983 138
- K 100 138
- K 100 RS 139
- K 100 RT 141
- K 75 C 141
- K 75 S 143
- K 75 143
- K 100 LT 145
- K1 145
- K 75 RT 147
- K 1100 LT 147
- K 1100 RS 149
- K 1200 RS 149
- K 1200 LT 151
- K 1200 GT 152
- K 1200 S 154
- K 1200 R 155
- K 1200 GT 157
- K 1200 R Sport 158

Einleitung

Der seit dem Jahre 1917 im Firmensignet der Bayerischen Motorenwerke verwendete weiß-blaue Propeller weist auf den Ursprung im Motorenbau für deutsche Jagdflugzeuge hin. Als nach dem verlorenen Krieg die Flugzeugproduktion verboten wurde, musste man zunächst auf Eisenbahnbremsen sowie Motoren für Boote und Lkw ausweichen, außerdem hatte Martin Stolle 1921 einen vom englischen Hersteller »Douglas« entwickelten Boxermotor modifiziert, den man dem Motorradhersteller Victoria in Nürnberg lieferte. Wie schon bei der Douglas saß der Motor auch bei der Victoria KR 1 quer im Rahmen – und da sich die Einbaulage auf die Kurbelwelle bezieht, lagen die Zylinder also vor und hinter dem Motorgehäuse. Diese Bauweise hatte den Vorteil, dass man herkömmliche Getriebe und simple Antriebe (per Riemen oder Kette) benutzen konnte, außerdem blieb das Motorrad schmal. Dass der hintere Zylinder schlecht gekühlt wurde, fiel bei der Spitzenleistung von knapp 8 PS und der entsprechend geringen Wärmeentwicklung kaum ins Gewicht.

Doch Victoria wollte auch mehr Leistung, sodass man bald die Firma Sedlbauer beauftragte, statt der seitengesteuerten BMW-Motoren kopfgesteuerte Triebwerke zu liefern. BMW hatte den einzigen Kunden für seinen Boxer verloren und man entschied, ein eigenes Kraftrad zu bauen. Für den BMW-Konstrukteur Max Friz wird der Hauptgrund für das Drehen des Motors weniger in der besseren Kühlung als vielmehr in der geraden Linie des Antriebs gelegen haben (sonst hätte er bereits beim ersten Motor die Kühlrippen der Zylinder an die neue Windrichtung angepasst). Anfängliche Skepsis über die Breite des Motors wich bald einem guten Ruf für Zuverlässigkeit und Leistungsfähigkeit, und sportliche Erfolge bewiesen, dass mit den Maschinen auch schräg ums Eck gefahren werden konnte.

Zwar kamen auch bald Einzylindermodelle ins Programm, doch konzentrierten sich die Münchner hauptsächlich auf Boxermaschinen mit Hubräumen von einem halben bis zu einem dreiviertel Liter – und in dieser Klasse gab es in Deutschland als einzigen Konkurrenten bald nur noch Zündapp, allerdings mit wesentlich geringeren Stückzahlen.

Ab 1927 produzierte BMW im neu erworbenen Werk Eisenach als erstes Auto den Austin Seven in Lizenz, erst ab 1929 wurden auch vierrädrige BMWs mit dem weiß-blauen Propeller versehen. Mitte der 1930er-Jahre wurde mit dem Sportwagen 328 klar, dass BMW es sowohl bei Zweirädern wie auch bei Autos auf die Oberklasse abgesehen hatte.

Der wohl größte Sporterfolg in der Vorkriegszeit war der Sieg von Georg »Schorsch« Meier auf seiner 500er-Kompressor-BMW bei der Tourist-Trophy 1939. Schon in den Jahren zuvor war abzusehen, dass auch auf andere Siege hingearbeitet wurde – und BMW wurde zum Hauptlieferanten für schwere und mittelschwere Motorräder und Gespanne.

Weil man sich seit Anfang der 1920er-Jahre auch wieder ausgiebig dem Bau von Flugmotoren gewidmet hatte und diese natürlich von der Luftwaffe in riesigen

BMW-Ingenieur Martin Stolle auf einer mit BMW-M2B15-Motor ausgerüsteten Victoria KR 1.

Der Motor der R 32 ist noch mit einer für quer eingebaute Motoren optimalen Zylinderverrippung versehen.

Stückzahlen benötigt wurden, musste BMW nicht nur schwere Zerstörungen im Krieg, sondern danach auch Demontagen im großen Stil hinnehmen. Das Werk Eisenach lag – wenn auch nur knapp – hinter dem Eisernen Vorhang, und in München war noch nie zuvor ein Auto gebaut wurden. Also fing man 1948 nach Handkarren und Kochtöpfen wieder bescheiden mit dem Viertelliter-Einzylindermodell R 24 an und begann erst 1950 mit dem Bau des ersten Boxers.

Kurz danach erschien mit dem 501 (»Barockengel«) das erste Auto – und 1955 mit dem Isetta das zweite. Weil dieses »Programm« nicht für den erwarteten Absatz sorgte und zudem der Motorradmarkt (für alle Hersteller) ab 1957 extrem einbrach, kam die Firma BMW 1959 in große wirtschaftliche Schwierigkeiten, aus denen sie erst in buchstäblich letzter Minute von vielen Kleinaktionären sowie dem Industriellen Herbert Quandt gerettet wurde. Anfang der 1960er-Jahre sorgte die »Neue Klasse« auf dem Autosektor für schwarze Zahlen, und ein guter Kontakt zur Polizei und anderen Behörden stellte sicher, dass die immerhin mit Fahrwerksinnovationen glänzende Motorradabteilung trotz Jahresproduktionen von teilweise nur 5000 Stück nicht geschlossen wurde.

Zu Beginn des neuen Motorradbooms Ende der 1960er-Jahre war BMW als einziger deutscher Hersteller übrig geblieben (Zündapp hatte sich auf kleine Maschinen spezialisiert, und bei Münch wurden Einzelstücke produziert), und mit der jetzt in einer ehemaligen Siemens-Fabrik in Berlin-Spandau produzierten »Strich fünf«-Reihe konnte man rechtzeitig auf den von der Honda CB 750 angeführten Zug aufspringen. Weil sowohl die Lokomotive wie auch diverse Anhänger leistungsmäßig davonzogen, entschied man bei BMW, fortan mehrheitlich die touristische Fraktion zu bedienen – auch wenn z. B. mit der R 90 S sehr zügig gereist werden konnte.

Die erste serienmäßige Vollverkleidung an der R 100 RS war ein Meilenstein in der Geschichte des Reise-Motorrades (der sich so sehr durchsetzte, dass damals »normale« Motorräder heute schon als »Naked Bikes« bezeichnet werden müssen).

Der nächste geniale Wurf war die R 80 G/S, mit der die Klasse der Reise-Enduros begründet wurde – die bis heute von BMW-Bestsellern bestimmt wird.

Hohe Produktionskosten und zunehmend schärfere Abgas- und Lärmgesetze sorgten Anfang der 1980er-Jahre dafür, dass man auch bei BMW an neue Konzepte denken musste. Heraus kam die K-Reihe, die offensichtlich ursprünglich alle Boxer ab 750 cm^3 Hubraum ablösen sollte, dies jedoch nicht konnte, weil die Kundschaft weiterhin auf luftgekühlte Boxer-Twins bestand. Die wassergekühlten Vierzylinder der K-Reihe konnten

Schorsch Meier fliegt 1939 mit der 500er-Kompressor-BMW über die Isle of Man, um Sieger der Senior-TT zu werden.

EINLEITUNG 9

Ab Mitte 2008 käuflich zu haben: 450er-Sportenduro G 450.

ihren Nischenplatz sichern, doch bei den Boxern wurde Anfang der 1990er-Jahre ein echter Spagat gewagt: Ein neuer OHC-Motor wurde in ein völlig neues Fahrwerk gehängt, das weder einen herkömmlichen Rahmen noch eine bis dahin bekannte Vorderradaufhängung besaß. Die Kritiker verstummten bald, und BMW hatte ein Konzept für die Zukunft, mit dem Jahr für Jahr neue Verkaufsrekorde erzielt werden.

1993 wurde neben den neuen Boxern auch nach 33-jähriger Pause wieder ein neues Einzylindermotorrad vorgestellt, das erstmals in der Geschichte des Hauses über ein per Kette angetriebenes Hinterrad verfügte – auch daran gewöhnte sich die Kundschaft schnell. Nicht ganz so erfolgreich war der ab 2000 gestartete Versuch, mit einem überdachten Modell in den boomenden Rollermarkt einzusteigen. Als 2004 begonnen wurde, die K-Modelle nach und nach durch Maschinen mit quer installierten Triebwerken (aber immerhin noch mit Kardanantrieb) zu ersetzen, beschwerte sich schon kaum jemand mehr. Also beschloss man, dem Publikum ab 2006 sogar quer stehende Paralleltwins anzubieten. Mit diesen 165 PS-Boliden, leichtgewichtigen HP2-Maschinen und der neuen Einzylinder-Serie versuchen die Münchener seit geraumer Zeit, auch außerhalb der touristischen Ecke massiv Fuß zu fassen. Im Jahre 2006 wurden bei BMW erstmals über 100 000 Motorräder ausgeliefert. 2007 waren es exakt 102 467 Stück.

2007 übernahm BMW den Moto-Cross-Spezialisten Husqvarna, stellte selbst eine 450er Sportenduro vor, die ab Mitte 2008 käuflich zu erwerben ist, und kündigte an, ab 2009 in die Supersport-WM einzusteigen. Wann die erste BMW im MotoGP starten wird, ist wohl lediglich eine Frage der Zeit ...

Dieses Buch ist in vier Kapitel unterteilt: Zuerst werden alle Motorräder bis 1945 aufgelistet – ungeachtet der Anzahl der Zylinder. Dann kommen Einzylinder-Motorräder ab 1948. Es folgen Zweizylinder ab 1950, und zum Schluss werden die Drei- und Vierzylindermodelle ab 1983 vorgestellt. Die ab 2007 zum BMW-Konzern gehörenden Husqvarna-Maschinen werden in diesem Buch nicht behandelt.

Redaktionsschluss für dieses Buch war Ende Januar 2008, sodass für die G 450 noch keine technischen Daten zur Verfügung standen.

BMW-Motorräder bis 1945

R 32 (1923 bis 1926)

BMW-Boxermotoren gab es seit 1921. Es handelte sich um Weiterentwicklungen englischer »Douglas«-Triebwerke, die man an Victoria in Nürnberg für deren KR 1 lieferte. Als Victoria ab 1922 statt seitengesteuerter BMW-Aggregate kopfgesteuerte Sedlbauer-Motoren verwenden wollte, wurde der Motor von Max Friz geringfügig modifiziert, um längs und mit angeflanschtem Getriebe in einem ebenfalls von ihm entwickelten Fahrwerk sitzend das Hinterrad per Kardanwelle anzutreiben. Weder ein seitengesteuerter Boxer mit einem halben Liter Hubraum und 8,5 PS, ein Dreiganggetriebe mit Wellenantrieb, noch ein Doppelschleifen-Rohrrahmen mit gezogener Vorderradschwinge und Blattfedern waren für sich genommen sensationell, doch die Kombination, die Konstruktion aus einem Guss (weil von einem Mann) und die sich bald zeigende Zuverlässigkeit sorgten dafür, dass die R 32 ein Meilenstein im Motorradbau wurde. Scheinwerfer, elektrische Hupe und Soziussitz waren in den 1920er-Jahren teures Zubehör, der Tachometer anfangs serienmäßig, später ebenfalls nur gegen Aufpreis erhältlich. Knapp über 3000 Fahrzeuge wurden in drei Jahren gebaut.

Sorgte anfangs für Bedenken: Der breit bauende Motor der R 32.

Perfekte Linien: Verglichen mit anderen Motorrädern der frühen 1920er-Jahre wirkt die R 32 wie aus einem Guss.

BMW R 32 / R 37

Konkurrenzmodelle: NSU 4 PS, Victoria KR1, KR2, Wanderer 4 1/2

Typ	R 32 (1923 bis 1926)	R 37 (1925 bis 1926)
Ausführungen	Tourenmotorrad	Sportmotorrad
Motor	»M2 B 32« – 2-Zylinder-Boxer, 2 stehende Ventile, Stößel (SV), längs im Rahmen verschraubt, zentrale Nockenwelle per Stirnräder angetrieben, ca. 2 Liter Motoröl, Zahnradölpumpe, Luftkühlung, Kickstarter	»M2 B 36« – 2-Zylinder-Boxer, 2 V-förmig hängende Ventile, Stößelstangen, Kipphebel (OHV), längs im Rahmen verschraubt, zentrale Nockenwelle per Stirnräder angetrieben, ca. 2 Liter Motoröl, Zahnradölpumpe, Luftkühlung, Kickstarter
Bohrung x Hub (mm)	68 x 68	
Hubraum (cm^3)	494	
Verdichtungsverhältnis	5,0 : 1	6,2 : 1
Leistung (PS/kW) bei U/min	8,5/6,25 bei 3300	16/12 bei 4000
max. Drehmoment (Nm) bei U/min	k.A.	k.A.
Gemischaufbereitung	1 BMW-Spezialvergaser, Ø 22 mm	1 BMW-Dreischiebervergaser, Ø 26 mm
Elektrik	Bosch Magnetzünder	
Antrieb	Einscheiben-Trockenkupplung, angeblocktes Dreiganggetriebe »G 34« mit Handschaltung am Tank, Hardyscheibe, Kardanwelle, Kegelrad-Winkeltrieb	
Endübersetzung (Anzahl der Zähne)	4,75 (8/38) oder 6,64 (11/74)	4,4 (10/44), Gespann: 5,36 (11/59)
Rahmen	Doppelschleifen-Stahlrohrrahmen, gespanntauglich	
Radaufhängung vorne	gezogene Rohrschwinge mit Blattfedern (R 37 mit Reibdämpfer)	
Radaufhängung hinten	starr	
Federweg vorne / hinten (mm)	k.A. / 0	k.A. / 0
Bremsen	vorne Halbnaben-Trommelbremse, Ø 150 mm, hinten Keilklotzbremse, Ø 425 mm	
Räder	26 x 2,5	
Reifen	26 x 3	
Abmessungen L x B x H (mm)	2100 x 800 x 950	
Radstand (mm)	ca. 1300	
Leergewicht / zul. Gesamtgew. (kg)	120 / ca. 320	134 / ca. 330
Kraftstofftank (l)	14	
Verbrauch (l/100 km)	3,5	4,0
Höchstgeschwindigkeit (km/h)	95	115
Beschleunigung 0 – 100 km/h (sec.)	-	k.A.
Sonstiges		
Produktionszahlen	3090	152
Vorgängermodell	–	–
Nachfolgemodell	R 42	R 47
Preise (RM)	2200 (1923)	2900 (1925)
Serienzubehör	Tachometer (ab 1925 Extra)	–
Extras	Lichtanlage, elektr. Hupe, Soziussitz, Seitenwagen S 38	Lichtanlage, elektr. Hupe, Soziussitz, Seitenwagen S 38

R 37 (1925 bis 1926)

Zwar hatte sich die R 32 als äußerst zuverlässig erwiesen, doch war mit 8,5 PS bei Rennveranstaltungen nichts zu gewinnen. Also versah der Konstrukteur Rudolf Schleicher den in der Grundkonstruktion nur wenig veränderten 500er-Motor der R 32 im Jahre 1924 mit neuen OHV-Zylinderköpfen sowie optimierten Kühlrippen und konnte die Leistung so fast verdoppeln. Ein zentral sitzender selbst entwickelter Drei-Schieber-Vergaser sorgte für das korrekte Gemisch und ein gekapselter Ventiltrieb für Zuverlässigkeit. Nachdem sich einige handgefertigte Maschinen bei Rennen bewährt hatten (Rudolf Schleicher selbst gewann die Internationale Sechstagefahrt), wurde das R 37 genannte Modell ab 1925 in die Verkaufsliste aufgenommen – es entstanden allerdings nur 152 Exemplare. (Technische Daten: S. 11)

Seltene Sportmaschine: Das OHV-Triebwerk mobilisierte 16 PS. Die Flügelmuttern in den Felgen hielten über Reifenhalter die Pneus samt Schläuchen in Position.

R 39 (1925 bis 1927)

Um auch in der Viertelliterklasse sportliche Erfolge zu erzielen, erschien kurz nach der R 37 das Einzylindermodell R 39 mit dem gleichen Zylinderkopf. Sepp Stelzer hatte inzwischen die Deutsche Meisterschaft gewonnen. Der Zylinder stand jetzt, das angeflanschte Dreiganggetriebe trieb wie beim Boxer das Hinterrad per Kardanwelle an. Hatten die Boxermodelle am Hinterrad noch Klotzbremsen, verfügte die R 39 über eine im Rennbetrieb erprobte Außenbackenbremse vorne auf der Kardanwelle. Nicht nur der für eine 250er sehr hohe Preis, sondern auch Probleme mit der in den Aluminiumzylinder (der mit der oberen Motorgehäusehälfte vergossen war) eingeschrumpften Stahlbuchse sorgten dafür, dass lediglich 855 Exemplare das Werk verließen.

Eine R 39 wird am Münchener Oberwiesenfeld eingefahren.

BMW R 39

Konkurrenzmodelle: NSU 251 TS, Triumph K3

Typ	R 39 (1925 bis 1927)
Ausführungen	Sportmotorrad
Motor	»M40« – Einzylinder, 2 V-förmig hängende Ventile, Stößelstangen, Kipphebel (OHV), längs stehend im Rahmen verschraubt, Nockenwelle per Stirnräder angetrieben, ca. 2 Liter Motoröl, Zahnradölpumpe, Luftkühlung, Kickstarter
Bohrung x Hub (mm)	68 x 68
Hubraum (cm³)	247
Verdichtungsverhältnis	6,0 : 1
Leistung (PS/kW) bei U/min	6,5/4,75 bei 4000
max. Drehmoment (Nm) bei U/min	k.A.
Gemischaufbereitung	1 BMW-Spezialvergaser, Ø 20 mm
Elektrik	Bosch Magnetzünder
Antrieb	Einscheiben-Trockenkupplung, angeblocktes Dreiganggetriebe »G 41« mit Handschaltung am Tank, Hardyscheibe, Kardanwelle, Kegelrad-Winkeltrieb
Endübersetzung (Anzahl der Zähne)	2,64 (14/37)
Rahmen	Doppelschleifen-Stahlrohrrahmen
Radaufhängung vorne	gezogene Rohrschwinge mit Blattfedern
Radaufhängung hinten	starr
Federweg vorne / hinten (mm)	k.A. / 0
Bremsen	vorne Halbnaben-Trommelbremse, Ø 150 mm, hinten Außenbackenbremse auf Kardanwelle, Ø Mitnehmerflansch: 115 mm
Räder	27 x 3 oder 26 x 2,5
Reifen	27 x 2,5 oder 26 x 3
Abmessungen L x B x H (mm)	2050 x 800 x 950
Radstand (mm)	ca. 1350
Sitzhöhe (mm)	ca. 700
Leergewicht / zul. Gesamtgew. (kg)	110 / ca. 310
Kraftstofftank (l)	10
Verbrauch (l/100 km)	2,5
Höchstgeschwindigkeit (km/h)	100
Beschleunigung 0 – 100 km/h (sec.)	k.A.
Sonstiges	
Produktionszahlen	855
Vorgängermodell	–
Nachfolgemodell	–
Preise (RM)	1870 (1925)
Serienzubehör	Trittbretter
Extras	Lichtanlage, Tachometer

R 42 (1926 bis 1928)

BMW wollte seine Tourenmodelle weiterhin mit seitengesteuerten und seine Sportmodelle mit obengesteuerten Motoren anbieten. So entstand zunächst die R 42 mit an die Einbaulage angepasster Zylinder- und Kopf-Verrippung. Auch dank der verbesserten Kühlung konnte die Leistung des Boxers auf 12 PS gesteigert werden. Die am Kardan sitzende Außenbackenbremse hatte man von der R 39 übernommen. Das Fahrwerk war gegenüber der zunächst noch parallel angebotenen R 32 nur geringfügig verändert worden.

Die R 42 war das Luxus-Reisemotorrad der späten 1920er-Jahre. Die Lichtanlage und den Soziussattel gab es nur gegen Aufpreis.

R 47 (1927 bis 1928)

Sechs PS mehr für 340 Mark Aufpreis bot die ein Jahr nach der R 42 vorgestellte R 47 mit OHV-Zylinderköpfen. Bis auf die Köpfe und einen entsprechend geänderten Ventiltrieb waren die Maschinen baugleich. Knapp 20 Prozent der BMW-Kunden entschieden sich für die sportliche Version.

Supersportler mit 18 PS und 110 km/h Höchstgeschwindigkeit. Immerhin wog die R 47 nur 130 kg.

BMW R 42 / R 47
Konkurrenzmodelle: NSU 502 / 501 S

Typ	R 42 (1926 bis 1928)	R 47 (1927 bis 1928)
Ausführungen	Tourenmotorrad	Sportmotorrad
Motor	»M43« – 2-Zylinder-Boxer, 2 stehende Ventile, Stößel (SV), längs im Rahmen verschraubt, zentrale Nockenwelle per Stirnräder angetrieben, ca. 2 Liter Motoröl, Zahnradölpumpe, Luftkühlung, Kickstarter	»M51« – 2-Zylinder-Boxer, 2 V-förmig hängende Ventile, Stößelstangen, Kipphebel (OHV), längs im Rahmen verschraubt, zentrale Nockenwelle per Stirnräder angetrieben, ca. 2 Liter Motoröl, Zahnradölpumpe, Luftkühlung, Kickstarter
Bohrung x Hub (mm)	68 x 68	
Hubraum (cm^3)	494	
Verdichtungsverhältnis	4,9 : 1	5,8 : 1
Leistung (PS/kW) bei U/min	12/9 bei 3400	18/13,75 bei 4000
max. Drehmoment (Nm) bei U/min	k.A.	k.A.
Gemischaufbereitung	1 BMW-Spezialvergaser, Ø 22 mm	
Elektrik	Bosch Magnetzünder	
Antrieb	Einscheiben-Trockenkupplung, angeblocktes Dreiganggetriebe »G 44« mit Handschaltung am Tank, Hardyscheibe, Kardanwelle, Kegelrad-Winkeltrieb	
Endübersetzung	solo: 4,53 (15/68) oder 3,8 (15/57); Gespann: 6,27 (11/69) oder 5,7 (7/40)	solo: 4,38 (8/35), Gespann: 5,7 (7/40)
Rahmen	Doppelschleifen-Stahlrohrrahmen, gespanntauglich	
Radaufhängung vorne	gezogene Rohrschwinge mit Blattfedern	
Radaufhängung hinten	starr	
Federweg vorne / hinten (mm)	k.A. / 0	k.A. / 0
Bremsen	vorne Halbnaben-Trommelbremse, Ø 150 mm, hinten Außenbackenbremse am Kardan, Ø Mitnehmerflansch: 115 mm	
Räder	27 x 2,5 oder 26 x 2	
Reifen	27 x 2,75 oder 26 x 3	
Abmessungen L x B x H (mm)	2100 x 800 x 950	
Radstand (mm)	ca. 1400	
Sitzhöhe (mm)	ca. 700	
Leergewicht / zul. Gesamtgew. (kg)	126 / ca. 326	130 / ca. 330
Kraftstofftank (l)	14	
Verbrauch (l/100 km)	3,0	4,0 bis 5,0
Höchstgeschwindigkeit (km/h)	95	110
Beschleunigung 0 – 100 km/h (sec.)	–	k.A.
Sonstiges		
Produktionszahlen	6502	1720
Vorgängermodell	R 32	R 37
Nachfolgemodell	R 52	R 57
Preise (RM)	1510 (1926)	1850 (1927)
Serienzubehör		
Extras	Lichtanlage, elektr. Hupe, Soziussitz, Seitenwagen S 49	Lichtanlage, elektr. Hupe, Soziussitz, Seitenwagen S 49

R 52 (1928 bis 1929)

Nur fünf Jahre nach der R 32 stand mit der R 52 die dritte Generation der SV-Boxer bereit. Nachdem bislang bei allen BMWs mit einem Bohrung/Hub-Verhältnis von 68 x 68 mm quadratisch ausgelegte Motoren Verwendung fanden, und wohl auch, weil sich die Befürchtungen über die Breite der Triebwerke als grundlos erwiesen hatten, kam bei der R 52 erstmals ein Langhuber zum Einsatz, der bei gleicher Leistung wie die R 42 (12 PS) mehr Durchzug versprach. Die Trommelbremse im Vorderrad war auf 20 cm Durchmesser vergrößert worden. In einem Fach unterhalb des Getriebes konnte Werkzeug verstaut werden.

Mehr Durchzug für den Kaltblüter: Der Seitenventiler der R 52 war langhubig geworden.

R 62 (1928 bis 1929)

Auf den im Hub von 68 auf 78 mm verlängerten neuen Motor wurden Zylinder mit dem gleichen Maß gesetzt, und fertig war BMWs erste 750er. Diese SV-Maschine leistete genauso viel wie zuvor der 500er OHV-Boxer der R 47, doch bot er deutlich mehr Durchzug bei niedrigen Drehzahlen. Bis auf einen größeren Vergaser war die R 62 baugleich mit der R 52. Fast genauso viele Kunden legten die 140 Mark Mehrpreis auf den Tresen, um diese »schwere« 750er zu besitzen (beim Gewicht lag sie mit 155 kg tatsächlich 3 kg über der 500er).

Die R 62 war BMWs erste 750er; technische Daten S. 19.

BMW R 52 / R 57
Konkurrenzmodelle: DKW Supersport 500, NSU 502 / 501 S

Typ	R 52 (1928 bis 1929)	R 57 (1928 bis 1930)
Ausführungen	Tourenmotorrad	Sportmotorrad
Motor	»M57« – 2-Zylinder-Boxer, 2 stehende Ventile, Stößel (SV), längs im Rahmen verschraubt, zentrale Nockenwelle per Stirnräder angetrieben, ca. 2 Liter Motoröl, Zahnradölpumpe, Luftkühlung, Kickstarter	»M59« – 2-Zylinder-Boxer, 2 V-förmig hängende Ventile, Stößelstangen, Kipphebel (OHV), längs im Rahmen verschraubt, zentrale Nockenwelle per Stirnräder angetrieben, ca. 2 Liter Motoröl, Zahnradölpumpe, Luftkühlung, Kickstarter
Bohrung x Hub (mm)	78 x 63	68 x 68
Hubraum (cm³)	487	494
Verdichtungsverhältnis	5,0 : 1	5,8 : 1
Leistung (PS/kW) bei U/min	12/9 bei 3400	18/13,75 bei 4000
max. Drehmoment (Nm) bei U/min	k.A.	k.A.
Gemischaufbereitung	1 BMW-Zweischiebervergaser, Ø 22 mm	
Elektrik	Bosch Magnetzünder	
Antrieb	Einscheiben-Trockenkupplung (R 57 zum Schluss mit zwei Scheiben), angeblocktes Dreiganggetriebe »G 56 S1« mit Handschaltung am Tank, Hardyscheibe, Kardanwelle, Kegelrad-Winkeltrieb	
Endübersetzung (Anzahl der Zähne)	solo: 4,75 (8/38), Gespann: 5,70 (10/57)	
Rahmen	Doppelschleifen-Stahlrohrrahmen »F 56«, gespanntauglich	
Radaufhängung vorne	gezogene Rohrschwinge mit 6-Blatt-Federn	
Radaufhängung hinten	starr	
Federweg vorne / hinten (mm)	k.A. / 0	k.A. / 0
Bremsen	vorne Halbnaben-Trommelbremse, Ø 200 mm, hinten Außenbackenbremse am Kardan, Ø Mitnehmerflansch: 115 mm	
Räder	26 x 2,5	
Reifen	26 x 3,5	
Abmessungen L x B x H (mm)	2100 x 800 x 950	
Radstand (mm)	1400	
Sitzhöhe (mm)	700	
Leergewicht / zul. Gesamtgew. (kg)	152 / ca. 350	150 / ca. 350
Kraftstofftank (l)	12,5	
Verbrauch (l/100 km)	3,0	3,5 bis 4,0
Höchstgeschwindigkeit (km/h)	100	115
Beschleunigung 0 – 100 km/h (sec.)	k.A.	k.A.
Sonstiges		
Produktionszahlen	4377	1006
Vorgängermodell	R 42	R 47
Nachfolgemodell	R 62	R 5
Preise (RM)	1510 (1928)	1850 (1928)
Serienzubehör	Luftpumpe, Hinterradständer	
Extras	Lichtanlage, elektr. Hupe, Soziussitz, Vorderradständer, Seitenwagen S 49	

R 57 (1928 bis 1930)

Wie schon gewohnt, wurden neben den seitengesteuerten Kaltblütern auch kopfgesteuerte Rennpferde angeboten. Das R 57 getaufte Pendant zur R 52 war jedoch weiterhin quadratisch ausgelegt (und leistete ebenfalls 18 PS bei 4000 U/min). Bislang waren bei allen Boxern die Kickstarter mit einem Winkeltrieb versehen, sodass sie sich längs zur Maschine bewegten. Ab der neuen Reihe wurde diese Umlenkung eingespart, sodass in Zukunft (bis auf das schwere Wehrmachtsgespann R 75) alle BMW-Boxer quer zum Motorrad angetreten werden mussten. (Technische Daten: S. 17)

Ab der 1928 eingeführten R 57 mussten sich Boxer-Treiber an die Startprozedur mit längs gelagertem Kickstarter gewöhnen.

R 63 (1928 bis 1929)

Auch in der 750er-Klasse sollte es eine OHV-Maschine geben. Die R 63 besaß wieder die bekannte Kurbelwelle mit 68 mm Hub, doch es kamen Zylinder mit 83 mm Bohrung zum Einsatz, sodass mit 735 cm³ immerhin 24 PS mobilisiert werden konnten – eine Leistung, die nur von wenigen englischen und amerikanischen Maschinen erreicht wurde. Der stolze Kaufpreis von 2100 Mark hielt die Stückzahlen unter 800.

Edelrenner: Mit 24 PS konnte die immerhin schon über 150 kg schwere R 63 mit den schnellsten ausländischen Maschinen mithalten.

BMW R 62 / R 63

Konkurrenzmodelle: Harley-Davidson W 45, Mabeco 750, Windhoff 750

Typ	R 62 (1928 bis 1929)	R 63 (1928 bis 1929)
Ausführungen	Touren- u. Gespannmotorrad	Sportmotorrad
Motor	»M56 S1« – 2-Zylinder-Boxer, 2 stehende Ventile, Stößel (SV), längs im Rahmen verschraubt, zentrale Nockenwelle per Stirnräder angetrieben, ca. 2 Liter Motoröl, Zahnradölpumpe, Luftkühlung, Kickstarter	»M60 S1« – 2-Zylinder-Boxer, 2 V-förmig hängende Ventile, Stößelstangen, Kipphebel (OHV), längs im Rahmen verschraubt, zentrale Nockenwelle per Stirnräder angetrieben, ca. 2 Liter Motoröl, Zahnradölpumpe, Luftkühlung, Kickstarter
Bohrung x Hub (mm)	78 x 78	83 x 68
Hubraum (cm^3)	745	734
Verdichtungsverhältnis	5,5 : 1	6,2 : 1
Leistung (PS/kW) bei U/min	18/13,75 bei 3400	24/17,5 bei 4000
max. Drehmoment (Nm) bei U/min	k.A.	k.A.
Gemischaufbereitung	1 BMW-Zweischiebervergaser, Ø 24 mm	
Elektrik	Bosch Magnetzünder	
Antrieb	Einscheiben-Trockenkupplung (später zwei Scheiben), angeblocktes Dreiganggetriebe »G 56 S1« mit Handschaltung am Tank, Hardyscheibe, Kardanwelle, Kegelrad-Winkeltrieb	
Endübersetzung (Anzahl der Zähne)	solo: 4,05 (19/77), Gespann: 4,75 (8/38)	
Rahmen	Doppelschleifen-Stahlrohrrahmen »F 56«, gespanntauglich	
Radaufhängung vorne	gezogene Rohrschwinge mit 6-Blatt-Federn	
Radaufhängung hinten	starr	
Federweg vorne / hinten (mm)	k.A. / 0	k.A. / 0
Bremsen	vorne Halbnaben-Trommelbremse, Ø 200 mm, hinten Außenbackenbremse am Kardan, Ø Mitnehmerflansch: 115 mm	
Räder	26 x 2,5	
Reifen	26 x 3,5	
Abmessungen L x B x H (mm)	2100 x 800 x 950	
Radstand (mm)	1400	
Sitzhöhe (mm)	700	
Leergewicht / zul. Gesamtgew. (kg)	155 / ca. 355	152 / ca. 355
Kraftstofftank (l)	12,5	
Verbrauch (l/100 km)	5,0	5,0
Höchstgeschwindigkeit (km/h)	115	120
Beschleunigung 0 – 100 km/h (sec.)	k.A.	k.A.
Sonstiges		
Produktionszahlen	4355	794
Vorgängermodell	–	–
Nachfolgemodell	R 11	R 16
Preise (RM)	1650 (1928)	2100 (1928)
Serienzubehör	Luftpumpe, Hinterrad- und Vorderradständer	
Extras	Lichtanlage, elektr. Hupe, Soziussitz, Seitenwagen, Lenkungsdämpfer, Beinschilder	

R 11 (1929 bis 1934)

Weil der seit der R 32 nur geringfügig modifizierte Rohrrahmen bei den 750er-Motoren an seine Grenzen stieß, wurden diese Aggregate bereits ein Jahr nach der Vorstellung in neue Pressstahl-Rahmen gehängt. Da die weiterhin gezogene Vorderradschwinge ebenfalls aus Pressstahl ausgeführt und zudem ein mächtiger Kotflügel montiert war, wirkte die nun R 11 genannte Baureihe erheblich wuchtiger als die Vorgänger-Serie. Immerhin war der nun nicht mehr seitlich, sondern von oben eingesetzte Tank von 12,5 auf 14 Liter Volumen angewachsen. Das Gewicht lag mit 165 kg auf einem Wert, der erst 2007 mit einem »leichten« Einzylinder wieder erreicht werden sollte. Im letzten Baujahr wurde der Motor mit zwei Vergasern ausgerüstet und auf 20 PS gebracht.

Die aus Pressblech bestehende Gabel, der große Kotflügel, die große Hupe und der serienmäßige Scheinwerfer sorgten bei der R 11 für eine massive Erscheinung.

R 16 (1929 bis 1934)

Parallel zur R 11 saß bei der R 16 der 750er-OHV-Boxer im neuen Pressstahl-Fahrgestell. Zwar war die Maschine 13 kg schwerer geworden, doch leistete sie mit einem neuen BMW-Dreidüsen-Vergaser auch ein PS mehr. In fünf Jahren erfuhr das Triebwerk fünf Überarbeitungen. Ab der dritten Serie (1932) kamen zwei Amal-Vergaser zum Einsatz, die dank der stark verkürzten Ansaugwege eine beträchtliche Leistungssteigerung auf 33 PS brachten, sodass 125 km/h Höchstgeschwindigkeit erreicht werden konnten. Ab Serie 5 (1934) wurden die Nockenwelle und die Zündanlage per Steuerkette statt mit Stirnrädern angetrieben. Für die geforderten 2200 Mark bekam man bereits ein kleines Auto, sodass sich die Stückzahlen mit 1100 Einheiten in Grenzen hielten.

Die R 16 leistete in der vierten Serie (1933 – zu erkennen an der Tankschaltung) mit zwei Vergasern 33 PS.

BMW R 11 / R 16

Konkurrenzmodelle: Zündapp K 800

Typ	R 11 (1929 bis 1934)	R 16 (1929 bis 1934)
Ausführungen	Touren- u. Gespannmotorrad	Sportmotorrad
Motor	»M56« – 2-Zylinder-Boxer, 2 stehende Ventile, Stößel (SV), längs im Rahmen verschraubt, zentrale Nockenwelle per Stirnräder angetrieben (ab 1934: Steuerkette), 2,5 Liter Motoröl, Zahnradölpumpe, Luftkühlung, Kickstarter	»M60« – 2-Zylinder-Boxer, 2 V-förmig hängende Ventile, Stößelstangen, Kipphebel (OHV), längs im Rahmen verschraubt, zentrale Nockenwelle per Stirnräder angetrieben (ab 1934: Steuerkette), 2,5 Liter Motoröl, Zahnradölpumpe, Luftkühlung, Kickstarter
Bohrung x Hub (mm)	78 x 78	83 x 68
Hubraum (cm^3)	745	734
Verdichtungsverhältnis	5,5 : 1	6,5 : 1
Leistung (PS/kW) bei U/min	18/13,75 bei 3400, ab 1934: 20/14,5 bei 4000	24/17,5 bei 4000 ab 1932: 33/24 bei 5000
max. Drehmoment (Nm) bei U/min	k.A.	k.A.
Gemischaufbereitung	1 BMW 3-Düsenverg., $\varnothing$ 24 mm, ab 1932: 1 Sum, $\varnothing$ 34 mm, ab 1934: 2 Amal, $\varnothing$ 25 mm	1 BMW 3-Düsenverg., $\varnothing$ 26 mm, ab 1932: 2 Amal, $\varnothing$ 25 mm
Elektrik	Bosch Magnetzünder 6 V 30 W	
Antrieb	Zweischeiben- (R 11) bzw. Einscheiben- (R 16) Trockenkupplung, angeblocktes Dreiganggetriebe »G 56« mit Handschaltung am Tank (ab 1933: Kulissenschaltung), Hardyscheibe, Kardanwelle, Kegelrad-Winkeltrieb	
Endübersetzung (Anzahl der Zähne)	solo: 4,45 (11/49), Gespann: 5,18 (11/57)	
Rahmen	Doppelschleifen-Pressstahlrahmen »F 66«, gespanntauglich	
Radaufhängung vorne	gezogene Pressstahlschwinge mit 9-Blatt-Federn	
Radaufhängung hinten	starr	
Federweg vorne / hinten (mm)	k.A. / 0	k.A. / 0
Bremsen	vorne Halbnaben-Trommelbremse, $\varnothing$ 200 mm, hinten Außenbackenbremse am Kardan, $\varnothing$ Mitnehmerflansch: 115 mm	
Räder	26 x 3,5	
Reifen	26 x 3.50	
Abmessungen L x B x H (mm)	2100 x 890 x 950	
Radstand (mm)	1400	
Sitzhöhe (mm)	700	
Leergewicht / zul. Gesamtgew. (kg)	162 / 372	165 / 375
Kraftstofftank (l)	14	
Verbrauch (l/100 km)	3,5 (mit Beiwagen: 4,5)	5,0 (mit Beiwagen: 6,0)
Höchstgeschwindigkeit (km/h)	100 (mit Beiwagen: 95)	120 (mit Beiwagen: 100)
Beschleunigung 0 – 100 km/h (sec.)	k.A.	k.A.
Sonstiges		
Produktionszahlen	7500	1106
Vorgängermodell	R 62	R 63
Nachfolgemodell	R 12	R 17
Preise (RM)	1600 (1929)	1900 (1929)
Serienzubehör	Lichtanlage	Lichtanlage
Extras	Batteriezündung, Soziussitz, Seitenwagen	Batteriezündung, Soziussitz, Seitenwagen

R 2 (1931 bis 1936)

Nach dreijähriger Pause erschien Ende 1930 eine neue Einzylindermaschine. Weil seit 1928 Motorräder bis 200 cm³ Hubraum ohne Führerschein und steuerfrei bewegt werden durften, entwickelte die R 2 ihre 6 PS aus einem 198er OHV-Einzylindermotor, dessen Zylinderkopf zunächst nicht gekapselt war. Der völlig neu entwickelte, aber wie gewohnt längs drehende Motor (erstmals mit Tunnelgehäuse) war in ein Pressstahl-Fahrwerk montiert, wie es bereits von den 750ern her bekannt war. Der Kickstarter saß erstmals bei einer BMW rechts, da ein Einsatz mit Beiwagen nicht vorgesehen war. Neben einer Batteriezündung hatte bei BMW auch eine Trommelbremse im Hinterrad Premiere. Außerdem war zum ersten Mal ein Zusammenhang zwischen Typenbezeichnung und Hubraum zu erkennen. Trotz eines für diese Klasse hohen Preises wurden in sechs Jahren über 15 000 Maschinen verkauft.

Bauern-Krad: Die R 2 war die erste richtige Einsteiger-BMW.

BMW R 2 / R 4 | R 3

Konkurrenzmodelle: DKW SB 200, NSU ZDB 201, Zündapp DB 200 / DKW SB 350, NSU TS 501

Typ	R 2 (1931 bis 1936)	R 4 (1932 bis 1937)	R 3 (1936)
Ausführungen	Gebrauchs- und Tourenmotorrad	Tourenmotorrad	
Motor	R2: »M67 S1«, R4: »M69 S1«, R3: »203/1« – Einzylinder, 2 V-förmig hängende Ventile, Stößelstangen, Kipphebel (OHV), längs stehend im Rahmen verschraubt, Nockenwelle per Kette angetrieben, 1,5 (R4/R3: 1,75) Liter Motoröl, Zahnradölpumpe, Luftkühlung, Kickstarter		
Bohrung x Hub (mm)	63 x 64	78 x 84	68 x 84
Hubraum (cm³)	198	398	305
Verdichtungsverhältnis	6,7 : 1	5,7 : 1	6,0 : 1
Leistung (PS/kW) bei U/min	6/4,5 bei 3500, ab 1934: 8/6 bei 4500	12/9 bei 3500, ab 1934: 14/10 bei 4200	11/8 bei 4200
max. Drehmoment (Nm) bei U/min	k.A.	k.A.	
Gemischaufbereitung	1 Sum, Ø 19 mm, ab 1932: 1 Amal, Ø 18,2 mm	1 SUM 3-Düsen-Registervergaser, Ø 25 mm	1 Sum, Ø 25 mm
Elektrik	Bosch Batteriezünder 6 V 30 W (R4: Schwunglicht)		
Antrieb	Einscheiben-Trockenkupplung, angeblocktes Dreiganggetriebe »G 67« (R4 »G 67«, ab 1933 u. R3 »204/5«: Viergang) mit Kugel-Handschaltung (R4/R3: Kulissenschaltung), Hardyscheibe, Kardanwelle, Kegelrad-Winkeltrieb		
Endübersetzung (Anzahl der Zähne)	6,75 (8/54), ab 1936: 6,71 (7/47)	solo: 5,11 (9/46), Gespann: 5,63 (8/45)	
Rahmen	Doppelschleifen-Pressstahlrahmen R2: »F 67 S1«, R4: »F 69 S1«, R3: »203/1«, R4/R3: gespanntauglich		
Radaufhängung vorne	gezogene Pressstahlschwinge mit 9-Blatt-Federn		
Radaufhängung hinten	starr		
Federweg vorne / hinten (mm)	k.A. / 0	k.A. / 0	
Bremsen	vorne/hinten Halbnaben-Trommelbremse, Ø 180 mm		
Räder	25 x 3	26 x 3,5	
Reifen	25 x 3	26 x 3,5	
Abmessungen L x B x H (mm)	1950 x 850 x 950	1980 x 850 x 950	
Radstand (mm)	1320	1320	
Sitzhöhe (mm)	700	700	
Leergewicht / zul. Gesamtgew. (kg)	110 / 310	137 / ca. 330	149 / ca. 350
Kraftstofftank (l)	11	12	12,5
Verbrauch (l/100 km)	3,5	5,0	
Höchstgeschwindigkeit (km/h)	95	100	
Beschleunigung 0 – 100 km/h (sec.)	–	k.A.	
Sonstiges			
Produktionszahlen	15 207	15 295	740
Vorgängermodell	–	–	
Nachfolgemodell	R 20	R 35	
Preise (RM)	975 (1931)	1150 (1932)	995 (1936)
Serienzubehör	Lichtanlage	Lichtanlage	
Extras	Soziussitz	Soziussitz, Seitenwagen, R4 ab 1934 als Geländesportversion erhältlich	

R 4 (1932 bis 1936), R 3 (1936)

Weil die letzte Halblitermaschine 1930 aus dem Programm gefallen war und zwischen der R 2 und den 750ern R 11 und R 16 eine beachtliche Lücke klaffte, wurde Anfang 1932 die einzylindrige R 4 vorgestellt, deren Kurbelwelle mit 84 mm den bis heute längsten Hub aller BMW-Motorräder aufweist. Zunächst war die Maschine optisch und technisch stark an die R 2 angelehnt, doch mit der zweiten Serie ab 1933 kamen ein Vierganggetriebe (erstmals bei BMW), ein abgewinkelter Kickstarter und ein überarbeiteter Zylinderkopf. Ab 1934 konnten statt 12 nun 14 PS mobilisiert werden. Während der Bauzeit wurde die Lichtmaschine mehrmals verändert und verlegt. 1936 sollte eine auf 305 cm³ Hubraum (1 cm weniger Bohrung) gebrachte R 3 mit 11 PS das Programm ergänzen, doch wurde das Modell nach nur 740 Einheiten noch im gleichen Jahr wieder eingestellt. (Technische Daten: S. 23)

Kleine Inspektion an einer R 4.

Die R4 in der Serie 5 von 1936 mit hochverlegter Lichtmaschine. Die R3 unterschied sich hiervon lediglich durch einen leicht veränderten Zylinderkopf.

R 12 (1935 bis 1942), R 17 (1935 bis 1937)

Die R 12 und die R 17 lösten 1935 die beiden 750er R 11 und R 16 ab. Wesentlicher Unterschied war bei beiden Maschinen die erstmals im Serienmaschinenbau zum Einsatz kommende hydraulische Telegabel, die heutzutage sogar »Upsidedown« heißen würde. Das weiterhin starr aufgehängte Hinterrad wurde durch eine Trommelbremse verzögert; hierdurch war es möglich, beide Räder zu tauschen. Einen vermeintlichen Rückschritt stellte bei der R 11 der auf Wunsch lieferbare Einzelvergaser dar, doch der Grund hierfür lag darin, dass

R 12 (1935 bis 1942), R 17 (1935 bis 1937)

die meisten Maschinen ans Militär ausgeliefert wurden, wo man auf Einfachheit Wert legte. Durch den staatlichen Großauftrag (ab 1938 gab es keine zivile R 12 mehr) wurde der 750er SV-Boxer zur bis dahin meistgebauten BMW. Die R 17 blieb hingegen nur zwei Jahre im Programm, und der Aufpreis für OHV-Zylinderköpfe betrug beträchtliche 390 Mark – ganze 434 Stück wurden ausgeliefert.

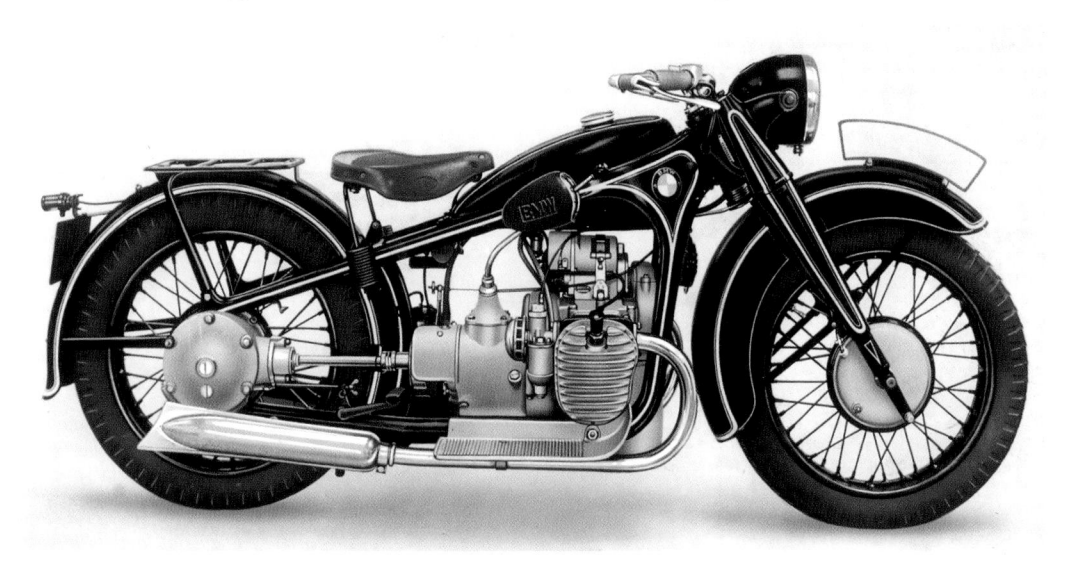

Arbeitstier: Diese R 12 muss anders als die meisten ihrer Kolleginnen weder einen Beiwagen ziehen noch Militärdienst leisten (da Zweivergaser-Ausführung).

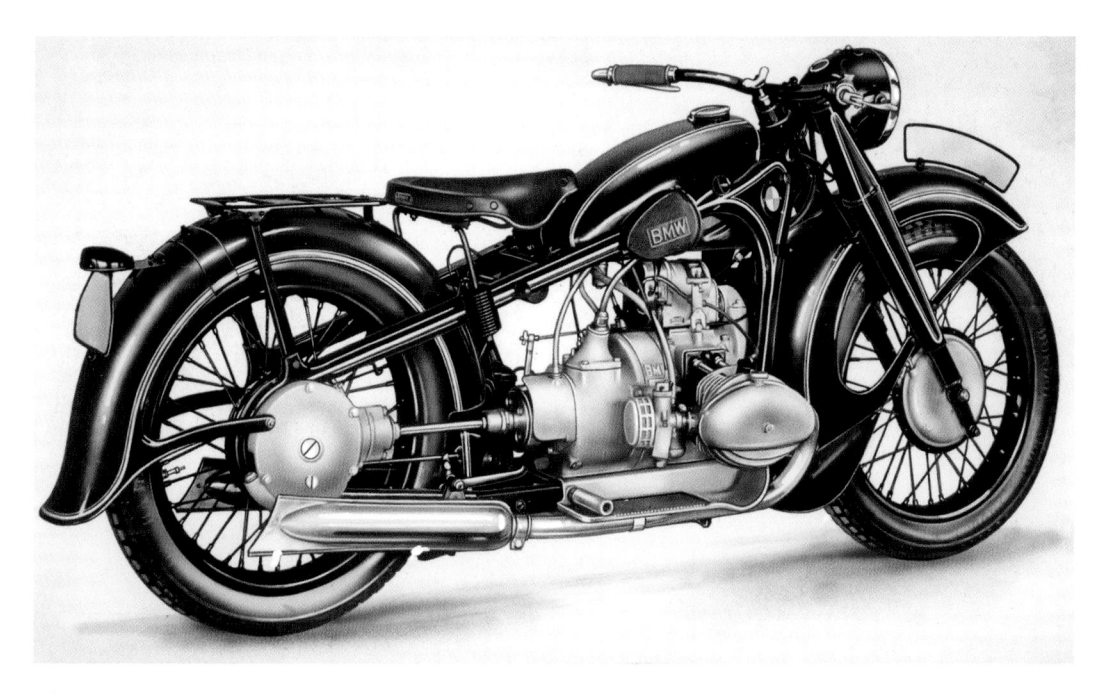

Kein Arbeitstier und dank des vielen Blechs auch keine Rennpferd: Die R 17 füllte nach der Weltwirtschaftskrise eine nur sehr schmale Nische.

BMW R 12 / R 17
Konkurrenzmodell: Zündapp K 800

Typ	R 12 (1935 bis 1942)	R 17 (1935 bis 1937)
Ausführungen	Behörden- u. Gespannmotorrad	Schweres Tourenmotorrad
Motor	»M56 S6« – 2-Zylinder-Boxer, 2 stehende Ventile, Stößel (SV), längs im Rahmen verschraubt, zentrale Nockenwelle, per Stirnräder angetrieben, 2,5 Liter Motoröl, Zahnradölpumpe, Luftkühlung, Kickstarter	»M60 S4« – 2-Zylinder-Boxer, 2 V-förmig hängende Ventile, Stößelstangen, Kipphebel (OHV), längs im Rahmen verschraubt, zentrale Nockenwelle per Stirnräder angetrieben, 2,5 Liter Motoröl, Zahnradölpumpe, Luftkühlung, Kickstarter
Bohrung x Hub (mm)	78 x 78	83 x 68
Hubraum (cm^3)	745	734
Verdichtungsverhältnis	5,2 : 1	6,5 : 1
Leistung (PS/kW) bei U/min	18/13,75 bei 3400 oder 20/15 bei 4000	33/24,5 bei 5000
max. Drehmoment (Nm) bei U/min	k.A.	k.A.
Gemischaufbereitung	1 Sum Registerverg. ⌀ 25 mm oder 2 Amal, ⌀ 23,8 mm	2 Amal, ⌀ 25,4 mm
Elektrik	Bosch Lichtmagnetzünder, Lichtmaschine 6 V 45 W	
Antrieb	Zweischeiben-Trockenkupplung, angeblocktes 4-Ganggetriebe »212/1« mit Hand-Kulissenschaltung am Rahmen, Hardyscheibe, Kardanwelle, Kegelrad-Winkeltrieb, Endübersetzung	
Endübersetzung (Anzahl der Zähne)	solo: 4,07 (14/57), Gespann: 4,75 (8/38)	
Rahmen	Doppelschleifen-Pressstahlrahmen »212/1«, gespanntauglich	
Radaufhängung vorne	ölgedämpfte Teleskopgabel	
Radaufhängung hinten	starr	
Federweg vorne / hinten (mm)	k.A. / 0	k.A. / 0
Bremsen	vorne und hinten Halbnaben-Trommelbremse, ⌀ 200 mm	
Räder	19 x 3, austauschbar	
Reifen	19 x 3.50	
Abmessungen L x B x H (mm)	2100 x 900 x 940	
Radstand (mm)	ca. 1400	
Sitzhöhe (mm)	700	
Leergewicht / zul. Gesamtgew. (kg)	185 / ca. 380	183 / ca. 380
Kraftstofftank (l)	14	
Verbrauch (l/100 km)	5,0 (mit Beiwagen: 5,5)	5,0 (mit Beiwagen: 5,5)
Höchstgeschwindigkeit (km/h)	100 oder 110 (mit Beiwagen: 90 bis 95)	140 (mit Beiwagen: 120)
Beschleunigung 0 – 100 km/h (sec.)	k.A.	k.A.
Sonstiges		
Produktionszahlen	36008	437
Vorgängermodell	R 11	R 16
Nachfolgemodell	R 71	R 66
Preise (RM)	1630 (1935)	2040 (1935)
Serienzubehör	Lichtanlage	Lichtanlage
Extras	Batteriezündung, Soziussitz, Seitenwagen	Batteriezündung, Soziussitz, Seitenwagen

R 5 (1936 bis 1937), R 51 (1938 bis 1940)

Nach sieben Jahren näherte sich bei BMW die Pressstahl-Ära schon wieder ihrem Ende, und man baute die ein Jahr zuvor eingeführte Telegabel (mit von Hand verstellbarer Dämpfung!) wieder an einen Doppelschleifen-Starrrahmen aus jetzt verschweißten oval gezogenen Rohren. In diesen Rahmen wurde ein neuer Halbliter-OHV-Motor mit Tunnelgehäuse und angeflanschtem Vierganggetriebe gehängt, welches zudem erstmals per Fuß geschaltet wurde. Daher kamen nun Fußrasten statt der bekannten Trittbretter zum Einsatz. Der mit den alten Werten 68 x 68 mm wieder quadratisch ausgelegte Motor hatte nicht nur zwei kettengetriebene Nockenwellen erhalten, die den Einsatz kürzerer Stößel und in Verbindung mit Haarnadelfedern höhere Drehzahlen erlaubten, sondern war auch der erste Boxer, dessen Zylinderköpfe direkt an das Schmiersystem angeschlossen waren. 24 PS bei 5800 U/min waren das Ergebnis. Der ebenfalls erstmals bei BMW eingesetzte Satteltank vervollständigte das moderne Aussehen. Bereits 1938 wurde die R 5 durch die R 51 ersetzt, bei der auch das Hinterrad in einer (ungedämpften) »Teleskop-Federung« – auch Geradewegfederung genannt – geführt wurde, sodass beim Kardan der Einsatz eines Kreuzgelenks nötig wurde.

Gegen die R 5 sah 1936 selbst die Konkurrenz aus England ziemlich alt aus.

Nach zwei Jahren hatte man eingesehen, dass an ein solch modernes Motorrad auch eine Hinterradfederung gehörte – so entstand die R 51.

R 6 (1937 bis 1940), R 61 (1938 bis 1941)

Wie schon früher wurde der Sportmaschine R 5 ein Arbeitstier namens R 6 zur Seite gestellt. Der langhubig ausgelegte Seitenventiler war das erste 600er-Triebwerk im BMW-Programm. Wie bei der R 5 gab es ein fußgeschaltetes Vierganggetriebe, eine hydraulische Telegabel und einen Satteltank. Anders als die OHV-Maschine musste die R 6 mit einer einzelnen stirnradgetriebenen Nockenwelle auskommen. Wer sich mit 18 PS zufriedengab, konnte gegenüber der R 5 immerhin 175 Mark sparen. Zwar kam das Nachfolgemodell wie bei der R 5 bereits nach einem Jahr auf den Markt, doch wurde die R 6 bis 1940 parallel angeboten. Die R 61 unterschied sich durch die neue Geradeweg-Hinterradfederung, die bei BMW entsprechend zur Vorderradgabel »Teleskopfederung« hieß.

Die R6 von 1937 verfügte zwar über eine hydraulische Telegabel, doch hinten war sie starr.

Die R 61 mit per Geradewegfederung geführtem Hinterrad.

BMW R 5 | R 51 / R 6 | R 61
Konkurrenzmodelle: Zündapp KS 500 / KKS 500

Typ	R 5 (1936 bis 1937)	R 51 (1938 bis 1940)	R 6 (1937 bis 1940)	R 61 (1938 bis 1941)
Ausführungen	Sportmotorrad		Touren- und Gespannmotorrad	
Motor	»254/1« – 2-Zylinder-Boxer, 2 V-förmig hängende Ventile, Stößelstangen, Kipphebel (OHV), längs im Rahmen verschraubt, 2 Nockenwellen per Kette angetrieben, 2 Liter Motoröl, Zahnradölpumpe, Luftkühlung, Kickstarter		»261/1« – 2-Zylinder-Boxer, 2 stehende Ventile, Stößel (SV), längs im Rahmen verschraubt, zentrale Nockenwelle per Stirnräder angetrieben, 2 Liter Motoröl, Zahnradölpumpe, Luftkühlung, Kickstarter	
Bohrung x Hub (mm)	68 x 68		70 x 78	
Hubraum (cm³)	494		596	
Verdichtungsverhältnis	6,7 : 1		6,0 : 1	
Leistung (PS/kW) bei U/min	24/17,5 bei 5800		18/13,7,5 bei 4800	
max. Drehmoment (Nm) bei U/min	k.A.		k.A.	
Gemischaufbereitung	2 Amal 5/423, Ø 22,2 mm | auch Bing AJ 1/22, Ø 22 mm		2 Amal M 75/426/S, Ø 22,2 mm | auch Bing DA 24/3/4, Ø 24 mm	
Elektrik	Bosch Batteriezündung, Lichtmaschine 6 V 45 W			
Antrieb	Einscheiben-Trockenkupplung, angeblocktes 4-Ganggetriebe »250/1 | 250/2« mit Fußschaltung u. Handhebel, Hardyscheibe, Kardanwelle, Kegelrad-Winkeltrieb			
Endübersetzung (Anzahl der Zähne)	solo: 3,89 (9/35), Gespann: 4,62 (8/37)			
Rahmen	Doppelschleifenrahmen aus ovalen Stahlrohren »250/1 | 251/1«, gespanntauglich			
Radaufhängung vorne	ölgedämpfte Teleskopgabel mit Handeinsteller für Dämpferverstellung			
Radaufhängung hinten	starr, R51/R61: Teleskop-Geradewegfederung (ungedämpft)			
Federweg vorne / hinten (mm)	100 / 0	160 / 80	100 / 0	160 / 80
Bremsen	vorne und hinten Halbnaben-Trommelbremsen, Ø 200 mm			
Räder	19 x 3, austauschbar			
Reifen	19 x 3.50			
Abmessungen L x B x H (mm)	2130 x 800 x 950			
Radstand (mm)	ca. 1400			
Sitzhöhe (mm)	690			
Leergewicht / zul. Gesamtgew. (kg)	165 / ca. 365	182 / ca. 380	175 / ca. 375	184 / ca. 380
Kraftstofftank (l)	15	14	15	14
Verbrauch (l/100 km)	3,5 bis 4 (mit Beiwagen: 4,5)		4,0 (mit Beiwagen: 5,6)	
Höchstgeschwindigkeit (km/h)	140	135 (mit Beiwagen: 105 bis 110)	125	115 (mit Beiwagen: 95 bis 100)
Beschleunigung 0 – 100 km/h (sec.)	k.A.		k.A.	
Sonstiges				
Produktionszahlen	2652	3775	1850	3747
Vorgängermodell	–	R 5	–	R 6
Nachfolgemodell	R 51	R 51/2	R 61	–
Preise (RM)	1550 (1936)	1595 (1938)	1375 (1937)	1420 (1938)
Serienzubehör	Lichtanlage		Lichtanlage	
Extras	Soziussitz, Seitenwagen		Soziussitz, Seitenwagen	

R 35 (1937 bis 1940)

1937 ging BMW bei den großen Einzylindern den goldenen Mittelweg und präsentierte das 350 cm³-Modell R 35 als Nachfolgemodell der R 4 (400 cm³) und der (bereits ausgelaufenen) R 3 (mit 300 cm³ Hubraum). Zwar kam weiterhin der bekannte Pressstahlrahmen zum Einsatz, doch wurde dieser mit einer Telegabel ausgerüstet. Anders als bei den Boxern war diese Gabel jedoch nicht hydraulisch gedämpft. Die meisten der über 15 000-mal gebauten Maschinen wurden vom Militär übernommen.

Nur der kleinere Teil der R 35-Produktion war für einen unbeschwerten Start in den Frühling gedacht.

R 20 (1937 bis 1938), R 23 (1938 bis 1940)

Als Nachfolgerin der R 2 erschien 1937 die mit einem verschraubten Rohrrahmen, ungedämpfter Telegabel, Fußschaltung und Satteltank glänzende R 20. Der Motor war langhubiger geworden, sodass er wieder die bekannten 68 mm Hub aufwies. Die Leistung hatte sich mit 8 PS nicht verändert, doch sie lag trotz längerem

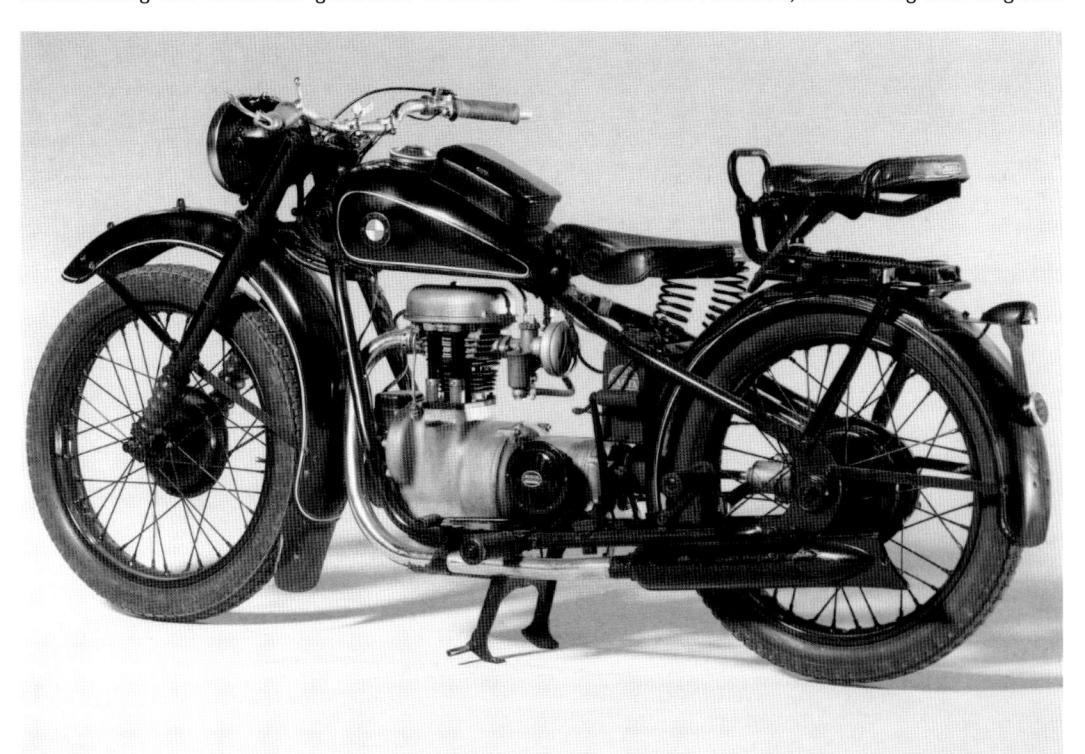

Die R 20 musste sich mit ihren 8 PS schon anstrengen, um zwei Erwachsene auf Trab zu bringen.

BMW R 35 / R 20 / R 23

Konkurrenzmodelle: NSU OSL 351, Victoria KR 35, Zündapp DS 350 / DKW SB 200/350, NSU OSL 251/ZDB 201/TS 501, Zündapp DB 200

Typ	R 35 (1937 bis 1940)	R 20 (1937 – 1938) | R 23 (1938 – 1940)
Ausführungen	Gebrauchsmotorrad	Gebrauchs- u. Tourenmotorrad
Motor	»235/1« (R35), »220/1« (R20), »223/1« (R23) – Einzylinder, 2 V-förmig hängende Ventile, Stößelstangen, Kipphebel (OHV), längs stehend im Rahmen verschraubt, Nockenwelle per Kette angetrieben, 1,75 (R35), 1,5 Liter Motoröl, Zahnradölpumpe, Luftkühlung, Kickstarter	
Bohrung x Hub (mm)	72 x 84	60 x 68 | 68 x 68
Hubraum (cm³)	340	192 | 247
Verdichtungsverhältnis	6,0 : 1	6,0 : 1
Leistung (PS/kW) bei U/min	14/10 bei 4500	8/6 bei 5400 | 10/7,5 bei 5400
max. Drehmoment (Nm) bei U/min	k.A.	k.A.
Gemischaufbereitung	1 Sum Dreidüsenvergaser, $\varnothing$ 22 mm	1 Amal M 74/428, $\varnothing$ 18,2 mm oder 1 Bing AJ 1/20, $\varnothing$ 20 mm | 1 Amal M 76/435 S, $\varnothing$ 18,2 mm oder 1 Bing AJ 1/20, $\varnothing$ 20 mm
Elektrik	Bosch Batteriezündung, Lichtmaschine 6 V 75 W	
Antrieb	Einscheiben-Trockenkupplung, angeblocktes Getriebe – R35: »204/5«, 4-Gang, Kulissenschaltung, R20/R 23: »220/1«, 3-Gang, Fußschaltung – Hardyscheibe, Kardanwelle, Kegelrad-Winkeltrieb	
Endübersetzung (Anzahl der Zähne)	5,63 (8/45)	4,18 (11/46)
Rahmen	Doppelschleifen-Pressstahlrahmen »235/1«	Doppelschleifenrahmen aus ovalen Stahlrohren verschweißt und verschraubt »220/1«,
Radaufhängung vorne	Teleskopgabel mit Schraubenfedern, ungedämpft	
Radaufhängung hinten	starr	
Federweg vorne / hinten (mm)	95 / 0	
Bremsen	Halbnaben-Trommelbremsen, $\varnothing$ vorne 160, hinten 180 mm	
Räder	3 x 19	2,5 x 19
Reifen	3.50 x 19	3.00 x 19
Abmessungen L x B x H (mm)	2000 x 800 x 920	
Radstand (mm)	ca. 1320	
Sitzhöhe (mm)	690	
Leergewicht / zul. Gesamtgew. (kg)	155 / ca. 355	130 / ca. 330 | 135 / ca. 330
Kraftstofftank (l)	12	12 | 9,6
Verbrauch (l/100 km)	3,0	2,5 bis 3,0 | 3,0
Höchstgeschwindigkeit (km/h)	100	95
Beschleunigung 0 – 100 km/h (sec.)	k.A.	–
Sonstiges		
Produktionszahlen	15 386	ca. 5000 | 9021
Vorgängermodell	R 4	R 2
Nachfolgemodell	–	R 24
Preise (RM)	995 (1937)	725 (1937) | 750 (1938)
Serienzubehör	Lichtanlage	Lichtanlage
Extras	Soziussitz	Soziussitz

Die R 23 kostete nicht einmal halb so viel wie eine R 51.

Hub bei höherer Drehzahl an. 1938 wurde die Steuerbefreiung bei Motorrädern auf 250 cm³ Hubraum angehoben, sodass BMW mit dem Nachfolgemodell R 23 und den schon traditionellen Maßen 68 x 68 mm für Bohrung und Hub reagieren konnte. Die Leistung stieg um zwei auf zehn PS, der Preis um 25 Mark. Von beiden Modellen wurden bis zum Ende der Produktion 1940 immerhin knapp 14 000 Stück gebaut.

R 66 (1938 bis 1941)

Als Ablösung für die 750er R 17 erschien 1938 die R 66, die mit 30 PS fast genauso stark war. Der Motor basierte auf dem Seitenventiler der R 6/R 61, sodass im Gegensatz zur R 51 nur eine Nockenwelle die hängenden Ventile steuerte, deren Betätigung in den Köpfen zunächst nicht an die Druckschmierung angeschlossen

Mit ihren 30 PS und dem modernen Fahrwerk bot sich die R 66 für den sportlichen Einsatz an.

BMW R 66 / R 71

Konkurrenzmodelle: Zündapp KS 600 / Zündapp K 800

Typ	R 66 (1938 bis 1941)	R 71 (1938 bis 1941)
Ausführungen	Schweres Touren- u. Gespannmotorrad	Behörden- u. Gespannmotorrad
Motor	»266/1« – 2-Zylinder-Boxer, 2 V-förmig hängende Ventile, Stößelstangen, Kipphebel (OHV), längs im Rahmen verschraubt, zentrale Nockenwelle per Stirnräder angetrieben, 2,5 Liter Motoröl, Zahnradölpumpe, Luftkühlung, Kickstarter	»271/1« – 2-Zylinder-Boxer, 2 stehende Ventile, Stößel (SV), längs im Rahmen verschraubt, zentrale Nockenwelle per Stirnräder angetrieben, 2,5 Liter Motoröl, Zahnradölpumpe, Luftkühlung, Kickstarter
Bohrung x Hub (mm)	69,8 x 68	78 x 78
Hubraum (cm^3)	597	745
Verdichtungsverhältnis	6,8 : 1	5,5 : 1
Leistung (PS/kW) bei U/min	30/22 bei 5300	22/16 bei 4600
max. Drehmoment (Nm) bei U/min	k.A.	k.A.
Gemischaufbereitung	2 Amal, Ø 22,2 oder Bing, Ø 24 mm	2 Graetzin, Ø 24 mm
Elektrik	Bosch Batteriezündung, Lichtmaschine 6 V 75 W	
Antrieb	Einscheiben-Trockenkupplung, angeblocktes 4-Ganggetriebe »250/2« mit Fußschaltung und Handhebel, Hardyscheibe, Kardanwelle, Kegelrad-Winkeltrieb	
Endübersetzung (Anzahl der Zähne)	solo: 3,6 (10/36), Gespann: 4,38 (8/35)	solo: 3,6 (10/36), Gespann: 3,89 (9/35)
Rahmen	Doppelschleifenrahmen aus ovalen Stahlrohren »251/1«, gespanntauglich	
Radaufhängung vorne	ölgedämpfte Teleskopgabel	
Radaufhängung hinten	Teleskop-Geradewegfederung (ungedämpft)	
Federweg vorne / hinten (mm)	160 / 80	
Bremsen	vorne und hinten Halbnaben-Trommelbremsen, Ø 200 mm	
Räder	19 x 3, austauschbar	
Reifen	19 x 3.50	
Abmessungen L x B x H (mm)	2130 x 815 x 960	
Radstand (mm)	ca. 1400	
Sitzhöhe (mm)	ca. 700	
Leergewicht / zul. Gesamtgew. (kg)	187 / ca. 380	
Kraftstofftank (l)	14	
Verbrauch (l/100 km)	4,5 (mit Beiwagen: 5,4)	4,5 (mit Beiwagen: 5,5)
Höchstgeschwindigkeit (km/h)	145 (mit Beiwagen: 110 bis 115)	125 (mit Beiwagen: 100)
Beschleunigung 0 – 100 km/h (sec.)	k.A.	k.A.
Sonstiges		
Produktionszahlen	1669	3458
Vorgängermodell	–	R 12
Nachfolgemodell	(R 75)	–
Preise (RM)	1695 (1938)	1585 (1938)
Serienzubehör	Lichtanlage	Lichtanlage
Extras	Soziussitz, Seitenwagen	Soziussitz, Seitenwagen

war, sondern mit eigenen Ölvorräten geschmiert wurde. Der aus Ovalrohren verschweißte Rahmen entsprach mit der hydraulischen Telegabel und der neuen Hinterradfederung dem Stand der Technik. Die schnellste Vorkriegs-BMW lief 145 km/h und lag im Preis um 100 Mark über der 6 PS schwächeren R 51.

R 71 (1938 bis 1941)

Der 750er-Seitenventilmotor der R 12 wurde 1938 ebenfalls in das neue Fahrwerk gehängt. Mit leicht erhöhter Verdichtung und anderen Vergasern wurden jetzt 22 PS erzeugt, die weiterhin über ein handgeschaltetes Vierganggetriebe auf das nun gefederte Hinterrad übertragen wurden. Die R 71 war die letzte BMW mit seitengesteuertem Motor. Zudem war sie die letzte zivile 750er-BMW für die nächsten 30 Jahre.

Die R 71 war der letzte Seitenventiler aus dem Hause BMW. (Technische Daten: S. 33)

R 75 (1941 bis 1944)

In den 1930er-Jahren wurden in vielen Ländern schwere Gespanne mit angetriebenen Seitenwagen entwickelt, um sie als schnelle und flexible Militärfahrzeuge einzusetzen. Den Vorgaben entsprechend stellte BMW eine völlig neue Maschine vor, die mit aller erdenklichen Technik ausgerüstet war. Beim mit 78 x 78 mm für Bohrung und Hub quadratisch ausgelegten Motor kamen von der R 66 abgeleitete Zylinder und Köpfe zum Einsatz. Damit auch mit minderwertigem Treibstoff gefahren werden konnte, hatte man die Verdichtung auf lediglich 5,7 : 1 festgelegt und dadurch 26 PS erzeugt. Erstmals bei einem Motorrad wurde die Zündung per Fliehkraftregler verstellt. Das Getriebe verfügte über vier Vorwärtsgänge, einen Rückwärtsgang sowie eine Geländeuntersetzung, sodass insgesamt zehn Gänge zur Verfügung standen. Der Beiwagen wurde über ein Sperrdifferenzial angetrieben. Der mit einem stabilen Oberrohr versehene Rahmen war komplett verschraubt und vorne kam eine modifizierte hydraulische Telegabel zum Einsatz. Alle drei mit 4.50 x 16-Zoll Geländereifen bestückten Räder waren untereinander austauschbar, hinten und am Beiwagen wurde hydraulisch gebremst. Das Gespann wog leer bereits 420 kg, weitere 500 kg konnten zugeladen werden – damit waren immer noch 95 km/h Höchstgeschwindigkeit möglich. 1942 wurde die Produktion nach Eisenach verlagert, wo keine Autos mehr gebaut werden durften. Zwei Jahre darauf wurde die R 75 zugunsten des einfacheren und preiswerteren VW-Kübelwagens eingestellt.

Außer einer Hinterradfederung hatte die R 75 alles, was die Technik hergab. Unter dem Deckel auf dem Tank sitzt der Luftfilter.

Diese R 75 hatte bei Testfahrten ihre Robustheit bewiesen.

BMW R 75
Konkurrenzmodell: Zündapp KS 750

Typ	R 75 (1941 bis 1944)
Ausführungen	Schweres Militärgespann
Motor	»275/2« – 2-Zylinder-Boxer, 2 V-förmig hängende Ventile, Stößelstangen, Kipphebel (OHV), längs im Rahmen verschraubt, zentrale Nockenwelle per Stirnräder angetrieben, 2,5 Liter Motoröl, Zahnradölpumpe, Luftkühlung, Kickstarter
Bohrung x Hub (mm)	78 x 78
Hubraum (cm³)	745
Verdichtungsverhältnis	5,7
Leistung (PS/kW) bei U/min	26/19 bei 4400
max. Drehmoment (Nm) bei U/min	k.A.
Gemischaufbereitung	2 Graetzin SA, ⌀ 24 mm
Elektrik	Noris Magnetzündung mit Fliehkraftversteller, Lichtmaschine 6 V 70 W
Antrieb	Einscheiben-Trockenkupplung, angeblocktes Getriebe »275/1« mit 4 Vorwärtsgängen, Rückwärtsgang und Geländeuntersetzung, Fuß- und Handschalthebel, Kardanwelle, Achsantrieb mit sperrbarem Ausgleichsgetriebe (70 : 30)
Endübersetzung	6,05, später 5,69
Rahmen	»251/1« An ovales Oberrohr geschraubter Unterzug- und Hecksegmente aus Stahlrohr, gespanntauglich
Radaufhängung vorne	ölgedämpfte Teleskopgabel
Radaufhängung hinten	starr
Federweg vorne / hinten (mm)	160 / 0
Bremsen	3 Halbnaben-Trommelbremsen, ⌀ 250 mm, hinten und Beiwagen hydraulisch
Räder	16 x 3, austauschbar
Reifen	16 x 4.50
Abmessungen L x B x H (mm)	2400 x 1730 x 1000 (mit Beiwagen)
Radstand (mm)	ca. 1400
Sitzhöhe (mm)	ca. 700
Leergewicht / zul. Gesamtgew. (kg)	420 / ca. 920
Kraftstofftank (l)	24
Verbrauch (l/100 km)	6,3 (Straße) bis 8,5 (Gelände)
Höchstgeschwindigkeit (km/h)	95
Beschleunigung 0 – 100 km/h (sec.)	–
Sonstiges	
Produktionszahlen	ca. 18 000
Vorgängermodell	R 12
Nachfolgemodell	–
Preise (RM)	2630 (1941 – nur für Wehrmacht)
Serienzubehör	Soziussitz, angetriebener Seitenwagen BW 43
Extras	je nach Einsatzgebiet, u.a. Lenkerheizung mit Abgaswärme

BMW-Einzylinder ab 1948

R 24 (1948 bis 1950)

Das Einzylindermodell R 24 basierte auf dem Vorkriegsmodell R 23, nur ein (von der R 75 abgeleiteter) Zylinderkopf und ein Vierganggetriebe waren neu. Das Gemisch wurde jetzt von einem 22er-Bing-Vergaser aufbereitet. Das Fahrwerk samt verschraubtem Rahmen, ungedämpfter Telegabel und starrem Heck hatte man unverändert von der R 23 übernommen. Vorne und hinten kamen 160 mm-Halbnabenbremsen zum Einsatz. Konnten 1948 gerade 59 Maschinen hergestellt werden, waren es 1949 bereits 9400 Stück. In der Viertelliterklasse gab es 1949 in Deutschland mit der NSU OSL 251 nur einen einzigen Viertakt-Konkurrenten – der allerdings 20 Prozent billiger war. Für lediglich 25 Mark mehr gab es bereits eine 350er Horex SB 35, für die aber ein Motorradführerschein notwendig war. Die Nachfrage nach der R 24 übertraf alle Erwartungen, und es wurden insgesamt mehr als 12 000 Maschinen ausgeliefert.

Bayerische Volksmotorisierung: Mit der R 24 begann dreieinhalb Jahre nach Kriegsende die Fahrzeugproduktion in München.

R 25 (1950 bis 1951)

Im September 1950 wurde die R 24 durch die R 25 ersetzt. Auf den ersten Blick fielen die Geradeweg-Hinterradfederung sowie der raumgreifende Vorderradkotflügel auf. Außerdem war der Rahmen jetzt nicht mehr verschraubt, sondern verschweißt, dadurch wurde er auch »beiwagenfest«.

Am Motor hatte man den Einlassbereich (Vergaser, Kanal, Ventil) im Durchmesser um zwei Millimeter vergrößert und die Kurbelwelle verstärkt. Die Motorleistung mit 12 PS und der Preis mit 1750 DM waren gleich geblieben – beim Gewicht hatte die R 25 allerdings zehn Kilo zugelegt.

Voll gefedert, aber ungedämpft: die R 25 von 1950.

R 25/2 (1951 bis 1954)

Die R 25/2 unterschied sich optisch durch den neu aufgehängten Sattel und die Linierung von der R 25. Im Zylinderkopf und beim Vergaser war man wieder auf die Maße der R 24 zurückgekehrt, zudem wurde die Kipphebel-Geometrie geändert. Die Höchstgeschwindigkeit stieg auf über 100 km/h und der Preis auf 1990 DM. Es wurden fast 39 000 Fahrzeuge verkauft. (Technische Daten: S. 42)

Sattel drauf, Koffer dran – fertig war die Reisemaschine für den Urlaub zu zweit.

BMW R 24 / R 25

Konkurrenzmodelle: NSU OSL 251, Triumph BD 250

Typ	R 24 (1948 bis 1950)	R 25 (1950 bis 1951)
Ausführungen	Gebrauchsmotorrad	Gebrauchs- u. leichtes Gespannmotorrad
Motor	»224/1« / »224/2« – Einzylinder, 2 V-förmig hängende Ventile, Stößelstangen, Kipphebel (OHV), längs stehend im Rahmen verschraubt, Nockenwelle per Kette angetrieben, ca. 1,25 Liter Motoröl, Zahnradölpumpe, Luftkühlung, Kickstarter	
Bohrung x Hub (mm)	68 x 68	
Hubraum (cm³)	247	
Verdichtungsverhältnis	6,75 : 1	6,5 : 1
Leistung (PS/kW) bei U/min	12/9 bei 5600	
max. Drehmoment (Nm) bei U/min	k.A.	k.A.
Gemischaufbereitung	1 Bing Schiebervergaser, Ø 22 mm	1 Bing Schiebervergaser, Ø 24 mm
Elektrik	Noris Batteriezündung, Lichtmaschine 6 V 45 W	
Antrieb	Einscheiben-Trockenkupplung, angeblocktes 4-Ganggetriebe »224/1« / »224/2« Fußschaltung mit Handhebel, Hardyscheibe, Kardanwelle, Kegelrad-Winkeltrieb	
Endübersetzung (Anzahl der Zähne)	solo: 4,18 (11/46), Gespann: 5,14 (7/36)	solo: 4,5 (6/27), Gespann: 5,14 (7/36)
Rahmen	Doppelschleifenrahmen aus ovalen Stahlrohren verschraubt »224/1«	Doppelschleifenrahmen aus ovalen Stahlrohren verschweißt »225/2«, gespanntauglich
Radaufhängung vorne	Teleskopgabel mit Schraubenfedern, ungedämpft	
Radaufhängung hinten	star	Geradewegfederung, ungedämpft
Federweg vorne / hinten (mm)	95 / 0	95 / 80
Bremsen	Halbnaben-Trommelbremsen Ø 160 mm, vorne und hinten	
Räder	1,85 x 19	1,85 x 19
Reifen	3.00 x 19	3.25 x 19
Abmessungen L x B x H (mm)	2020 x 750 x 950	2073 x 750 x 950
Radstand (mm)	1330	1353
Sitzhöhe (mm)	7100	
Leergewicht / zul. Gesamtgew. (kg)	130 / 290	140 / 290
Kraftstofftank (l)	12	
Verbrauch (l/100 km)	3,5	3,5 (mit Beiwagen: 5)
Höchstgeschwindigkeit (km/h)	95	97 (mit Beiwagen: 80)
Beschleunigung 0 – 100 km/h (sec.)	–	–
Sonstiges		
Produktionszahlen	12 020	23 400
Vorgängermodell	R 23	R 24
Nachfolgemodell	R 25	R 25/2
Preise (DM)	1750 (1949)	1750 (1950)
Serienzubehör		
Extras	Soziussitz	Soziussitz, Beiwagen

Ohne Eile ins Gebirge: Die R 25/2 war für ihre Zuverlässigkeit und Sparsamkeit bekannt.

R 25/3 (1953 bis 1956)

Die R 25/2 verkaufte sich nicht schlecht, doch weil NSU mit der 250er Max ein sowohl ungewöhnliches als auch modernes und dazu noch äußerst beliebtes Motorrad entwickelt hatte, musste BMW nachlegen: eine hydraulische Telegabel, Vollnabenbremsen und Alufelgen waren am Fahrwerk zu verzeichnen, das Werkzeugfach war von der Oberseite des Tanks an dessen Seite gewandert, und dem Motor hatte man durch kleinere Modifikationen sowie einen geänderten Ansaugbereich eine zusätzliche Pferdestärke entlocken können, sodass fast 120 km/h erreicht werden konnten. Damit stand man gegen die 17 PS der Max zwar deutlich zurück, doch mit 47 700 Maschinen stellte die R 25/3 einen neuen hauseigenen Verkaufsrekord auf (NSU verkaufte in dieser Zeit etwa 85 000 Max-Modelle).

R 25/3 (1953 bis 1956) | 41

Die R 25/3 war die erste Einzylinder-BMW mit hydraulisch gedämpfter Teleskopgabel.

Die R 25/3 konnte ab Werk mit einem (von Steib gebauten) BMW-Beiwagen bestellt werden.

BMW R 25/2 / R 25/3

Konkurrenzmodelle: Adler MB 250, DKW RT 250/2, NSU Max

Typ	R 25/2 (1951 bis 1954)	R 25/3 (1954 bis 1956)
Ausführungen	\multicolumn{2}{c} Gebrauchs- u. leichtes Gespannmotorrad	
Motor	»224/2« (R 25/2), »251/1« (R25/3) – Einzylinder, 2 V-förmig hängende Ventile, Stößelstangen, Kipphebel (OHV), längs stehend im Rahmen verschraubt, Nockenwelle per Kette angetrieben, ca. 1,3 Liter Motoröl, Zahnradölpumpe, Luftkühlung, Kickstarter	
Bohrung x Hub (mm)	68 x 68	
Hubraum (cm^3)	247	
Verdichtungsverhältnis	6,5 : 1	7,0 : 1
Leistung (PS/kW) bei U/min	12/9 bei 5600	14/10 bei 5800
max. Drehmoment (Nm) bei U/min	k.A.	k.A.
Gemischaufbereitung	1 Bing oder SAWE Schiebervergaser, Ø 22 mm	1 Bing oder SAWE Schiebervergaser, Ø 24 mm
Elektrik	Noris Batteriezündung, Lichtmaschine 6 V 45 W (R 25/3: 60 W)	
Antrieb	Einscheiben-Trockenkupplung, angeblocktes 4-Ganggetriebe »224/2«, Fußschaltung (R 25/2 mit Handhebel), Hardyscheibe, Kardanwelle, Kegelrad-Winkeltrieb	
Endübersetzung (Anzahl der Zähne)	solo: 4,50 (6/27), Gespann: 5,14 (7/36)	solo: 4,50 (6/27), Gespann: 4,80 (5/24)
Rahmen	Doppelschleifenrahmen aus ovalen Stahlrohren »225/2« / »225/3«, gespanntauglich	
Radaufhängung vorne	Teleskopgabel mit Schraubenfedern, ungedämpft	ölgedämpfte Teleskopgabel
Radaufhängung hinten	Geradewegfederung, ungedämpft	
Federweg vorne / hinten (mm)	95 / 80	126 / 95
Bremsen	Halbnaben-Trommelbremsen, Ø 160 mm	Vollnaben-Trommelbremsen, Ø 160 mm
Räder	1,85 x 19 (austauschbar)	2,50 x 18 (austauschbar)
Reifen	3.25 x 19	3.25 x 18
Abmessungen L x B x H (mm)	2073 x 790 x 950	2065 x 760 x 950
Radstand (mm)	1353	1365
Sitzhöhe (mm)	7300	
Leergewicht / zul. Gesamtgew. (kg)	142 / 300	150 / 320
Kraftstofftank (l)	12	
Verbrauch (l/100 km)	2,9 (mit Beiwagen: 4,0)	3,0 (mit Beiwagen: 4,0)
Höchstgeschwindigkeit (km/h)	105 (mit Beiwagen: 85)	110 (mit Beiwagen: 90)
Beschleunigung 0 – 100 km/h (sec.)	k.A.	k.A.
Sonstiges		
Produktionszahlen	38651	47700
Vorgängermodell	R 25	R 25/2
Nachfolgemodell	R 25/3	R 26
Preise (DM)	1990 (1951)	2060 (1954)
Serienzubehör		
Extras	Soziussitz, Beiwagen	Soziussitz, Beiwagen

R 26 (1956 bis 1960)

1955 wurden die Boxermotoren in das neu konstruierte »Vollschwingenfahrwerk« gehängt, und ein Jahr später war es auch beim Einzylinder so weit. Bei diesem Fahrwerk wurden das Hinterrad mit einer gezogenen und das Vorderrad mit einer geschobenen Schwinge geführt. Die Maschine konnte mit Sattel oder mit Sitzbank geordert werden. Der auf 26 mm Durchlass vergrößerte Bing-Vergaser atmete durch einen Trockenluftfilterkasten, und dank einer geringfügig erhöhten Verdichtung leistete der Motor 15 PS – allerdings waren inzwischen auch 158 kg Leergewicht zu beschleunigen. Viele Maschinen gingen an die Polizei und andere Behörden.

Die von BMW als »Tourensport«-Maschine angebotene R 26 erfreute sich vor allem bei Behörden großer Beliebtheit.

R 27 (1960 bis 1966)

Als das Nachfolgemodell der R 26 erschien, war der Motorradboom der Nachkriegszeit definitiv vorbei. Viele Firmen hatten die Motorradproduktion inzwischen aufgegeben, und selbst von der NSU Max, die offiziell von 1953 bis 1963 angeboten wurde, waren mehr als 95 Prozent der Produktion bis 1959 verkauft worden. Die R 27 unterschied sich vom Vorgänger erst auf den zweiten Blick dadurch, dass der Motor mit Gummisegmenten in den Rahmen gehängt worden war, um Vibrationen vom Fahrer fernzuhalten. Dank nochmaliger Erhöhung der Verdichtung konnten 18 PS mobilisiert werden – allerdings erst bei 7400 U/min. Ein »neues« Rücklicht wurde aus dem Teileregal des V8-Wagens bezogen. In sechs Jahren wurden knapp über 15 000 Maschinen größtenteils an Behörden ausgeliefert, dann schloss man das Kapitel Einzylinder für 27 lange Jahre und überließ das Feld für kleine Motorräder den Japanern.

BMW R 26 / R 27

Konkurrenzmodelle: Hercules 322, Horex Resident, NSU Max, UT 250 VS / Honda CB 72

Typ	R 26 (1955 bis 1960)	R 27 (1960 bis 1967)
Ausführungen	Gebrauchs- und leichtes Gespannmotorrad	
Motor	»224/5« (R 26), »226/2« (R27) – Einzylinder, 2 V-förmig hängende Ventile, Stößelstangen, Kipphebel (OHV), längs stehend im Rahmen verschraubt (bei R 27 in Gummi-Elementen), Nockenwelle per Kette angetrieben, ca. 1,25 Liter Motoröl, Zahnradölpumpe, Luftkühlung, Kickstarter	
Bohrung x Hub (mm)	68 x 68	
Hubraum (cm³)	247	
Verdichtungsverhältnis	7,5 : 1	8,2 : 1
Leistung (PS/kW) bei U/min	15/11 bei 6400	18/13 bei 7400
max. Drehmoment (Nm) bei U/min	16 bei 6100	18 bei 6000
Gemischaufbereitung	1 Bing Schiebervergaser, Ø 26 mm	
Elektrik	Noris Batteriezündung, Lichtmaschine 6 V 60 W	
Antrieb	Einscheiben-Trockenkupplung, angeblocktes 4-Ganggetriebe »224/3« / »226/2«, Fußschaltung, Hardyscheibe, gekapselte Kardanwelle, Kegelrad-Winkeltrieb	
Endübersetzung (Anzahl der Zähne)	solo: 4,17 (6/25), Gespann: 5,2 (5/26)	
Rahmen	Doppelschleifenrahmen aus ovalen Stahlrohren 226/2« / »226/2«, gespanntauglich	
Radaufhängung vorne	geschobene Langschwinge mit hydraulischen Federbeinen	
Radaufhängung hinten	Schwinge mit hydraulischen Federbeinen (Vorspannung einstellbar)	
Federweg vorne / hinten (mm)	129 / 103	
Bremsen	Vollnaben-Trommelbremsen, Ø 160 mm	
Räder	2,15 B x 18 (austauschbar)	
Reifen	3.25 x 18	
Abmessungen L x B x H (mm)	2090 x 660 x 960	
Radstand (mm)	1355	
Sitzhöhe (mm)	7300	
Leergewicht / zul. Gesamtgew. (kg)	158 / 325	162 / 325
Kraftstofftank (l)	15	
Verbrauch (l/100 km)	3,5 (mit Beiwagen: 4)	4,0 (mit Beiwagen: 4,5)
Höchstgeschwindigkeit (km/h)	115 (mit Beiwagen: 95)	120 (mit Beiwagen: 100)
Beschleunigung 0 – 100 km/h (sec.)	k.A.	k.A.
Sonstiges		
Produktionszahlen	30 236	15 364
Vorgängermodell	R 25/3	R 26
Nachfolgemodell	R 27	–
Preise (DM)	2150 (1956)	2430 (1960)
Serienzubehör		
Extras	Soziussitz, Sitzbank, Beiwagen	Soziussitz, Sitzbank, Beiwagen

F 650 (1993 bis 1999)

Nach der R 27 hatten die kleinsten BMWs zunächst 500, später 450, und ab 1985 650 cm³ Hubraum, und es waren immer Boxermaschinen. Da diese Motorräder im Aufbau den 800er- und 1000er-Boxern nahezu entsprachen, waren sie nicht nur genauso schwer, sondern in der Herstellung auch genauso teuer. Ende der 1980er-Jahre entschied man in München, dass die Modellpalette nach unten neu abgerundet werden musste. Auch weil man mit der Entwicklung der neuen Boxergeneration ausgelastet war, entschloss BMW sich erstmals für eine Zusammenarbeit mit einem anderen Hersteller. Die Wahl fiel auf Aprilia, wo bereits seit 1990 mit der Pegaso und der Tuareg Reise-Enduros entstanden, die über wassergekühlte 600er-Einzylindermotoren verfügten, welche man vom österreichischen Motorenspezialisten Rotax bezog. Ab 1992 wurden die Aprilia-Motoren auf 650 cm³ aufgestockt und der Zylinderkopf mit einem fünften Ventil bestückt. Bei BMW entschloss man sich ebenfalls dazu, eine 650er zu entwickeln, die vom Konzept her der Pegaso glich. Also beauftragte man ebenfalls Rotax mit dem Bau eines Motors. Dieser ähnelte dem Pegaso-Motor, verfügte jedoch nur über einen Vierventil-Kopf. Schließlich wurden beide Motoren-Typen ins Aprilia-Werk nach Noale bei Venedig geliefert, wo auch die F 650 montiert werden sollte. Dass sich die erste BMW mit quer liegender Kurbelwelle sowie Kettenantrieb in sieben Jahren über 50 000-mal verkaufen sollte, hat vielleicht auch die Verantwortlichen bei BMW überrascht.

Weil sie keine echte Enduro war, wurde die F 650 zur »Funduro« erklärt – so hatte auch das F seine Berechtigung.

F 650 ST (1996 bis 1999)

Nach drei erfolgreichen Jahren wurde der F 650 ein Straßenableger zur Seite gestellt. Nach alter BMW-Manier blieb man beim Baukastenprinzip, sodass außer einem kleineren Vorderrad, kürzeren Federelementen und diversen Anbauteilen wenig geändert wurde. Die Sitzhöhe blieb bei 80 cm, konnte jedoch mithilfe eines Tieferlegungssatzes auf 74 cm gesenkt werden. Das Motorrad wurde weiterhin bei Aprilia gebaut und war sowohl mit 48 wie auch mit 34 PS erhältlich. In vier Jahren liefen knapp 13 000 STs vom italienischen Fließband.

Immer noch »Funduro«, aber noch mehr für den Einsatz auf Straßen gedacht: F 650 ST.

BMW F 650 / F 650 ST

Konkurrenzmodelle: Aprilia Pegaso, Honda Transalp/Dominator, Kawasaki KLE 500, Suzuki DR 650, Yamaha XTZ 660

Typ	F 650 (1993 bis 2000)	F 650 ST (1996 bis 2000)
Ausführungen	Reise-Enduro	Gebrauchsmotorrad
Motor	Einzylinder, 4 V-förmig hängende Ventile, über 2 per Steuerkette angetriebene Nockenwellen mit Tassenstößeln betätigt (DOHC), quer stehend im Rahmen verschraubt, Trockensumpfschmierungmit 2 Trochoid-Ölpumpen, 2,1 l Öl, Ausgleichswelle, Wasserkühlung, Elektrostarter	
Bohrung x Hub (mm)	100 x 83	
Hubraum (cm³)	652	
Verdichtungsverhältnis	9,7 : 1	
Leistung (PS/kW) bei U/min	48/35 bei 6500 oder 34/25 bei 5700	
max. Drehmoment (Nm) bei U/min	57 bei 5200 oder 48 bei 4200	
Gemischaufbereitung	2 Mikuni Gleichdruckvergaser, Ø 33 mm	
Elektrik	kontaktlose Transistor-Doppelzündung, Drehstromlichtmaschine 280 W, Batterie 12 Ah	
Antrieb	Mehrscheiben-Ölbadkupplung, integriertes 5-Ganggetriebe, Fußschaltung, O-Ringkette	
Endübersetzung	2,94	
Rahmen	Einschleifenrahmen aus Stahlprofilen, Unterzug angeschraubt, Ölvorrat im Oberrohr	
Radaufhängung vorne	hydraulische Telegabel, Ø 41 mm	
Radaufhängung hinten	Stahlprofil-Schwinge mit Umlenkhebeln und hydraulischem Zentralfederbein (Vorspannung und Zugdämpfung einstellbar)	
Federweg vorne / hinten (mm)	170 / 165	170 / 120
Lenkkopfwinkel /Nachlauf (mm)	62° / 116	62° / 110
Bremsen	vorne Scheibe, Ø 300 mm, Zweikolben-Schwimmsattel, hinten Scheibe, Ø 240 mm, Einkolben-Schwimmsattel	
Räder vorne / hinten	2.15 B x 19 / 3.00 B x 17	2.15 B x 18 / 3.00 B x 17
Reifen vorne / hinten	100/90- S19 / 130/80-S17	100/90-S18 / 130/80-S17
Abmessungen L x B x H (mm)	2180 x 880 x 975	
Radstand (mm)	1480	1465
Sitzhöhe (mm)	820 (ab 1995 a.W. 750)	800 (a.W. 735)
Leergewicht / zul. Gesamtgew. (kg)	195 / 371	
Kraftstofftank (l)	17,5	
Verbrauch (l/100 km)	5,5	
Höchstgeschwindigkeit (km/h)	154	163
Beschleunigung 0 – 100 km/h (sec.)	5,3	5,6
Sonstiges		
Produktionszahlen	51 405	12 934
Vorgängermodell	R 65 GS	R 65
Nachfolgemodell	F 650 GS	F 650 CS
Preise (DM)	10 950 (1993)	11 950 (1996)
Serienzubehör	U-Kat (ab 1995), Hauptständer (ab 1996)	U-Kat
Extras	Koffer, Sturzbügel, Tieferlegungsset (ab 1996)	Koffer, Sturzbügel

F 650 GS (2000 bis 2007)

Mit dem Auslaufen des Vertrages mit Aprilia wurde die Montage des Einzylindermodells nach Berlin verlagert. Parallel dazu wurde das Modell grundlegend überarbeitet: Der geschlossene Einschleifenrahmen wich einem Brückenrahmen und der Doppelvergaser einer Einspritzung, die sowohl den Verbrauch senkte wie auch den Einsatz eines Dreiwege-Kats ermöglichte – somit waren jetzt sämtliche BMW-Motorräder damit ausgerüstet. Dank höherer Verdichtung und geänderter Motorcharakteristik waren zudem die Leistung und das maximale Drehmoment angewachsen. Der Kraftstofftank wanderte schwerpunktgünstig ins Rahmendreieck, weswegen der Tankdeckel rechts unter der Sitzbank herausragte. (Technische Daten: S. 52)

Dank der Verlegung des Tanks konnte beim neuen F 650-Motor der Ansaugbereich optimiert werden.

Die kleine GS kam aus dem BMW-Werk in Berlin-Spandau.

C1 (2000 bis 2003)

Bereits Anfang der 1950er-Jahre hatte BMW mit der Isetta einen mutigen Schritt getan – und war damit erfolgreich gewesen. Gegen Ende des Jahrtausends wollte man (nach einem Prototypen in den Fünfzigern) in den boomenden Rollermarkt einsteigen – und ihn sofort revolutionieren. Ein festes Dach sollte gleichzeitig die Sicherheit und den Wetterschutz erhöhen sowie das Fahren ohne Helm ermöglichen (dafür musste man sich anschnallen). Gebaut wurde das mit einem von Rotax beigesteuerten 15 PS starken 125 cm³-Viertakt-Einzylindermotor versehene Fahrzeug in verschiedenen Ausstattungsvarianten bei Bertone in Italien – dem Land, wo zufällig zeitgleich die Helmpflicht für Motor-

Einspur-Auto mit Sicherheitskonzept. ABS gab's natürlich auch.

Der C1 in der Standard-Version (Mitte) sowie den Ausführungen »Executive« (links) und »Family's friend« (rechts).

BMW C1 / C1 200

Konkurrenzmodell: Benelli Adiva

Typ	C1 (2000 bis 2003)	C1 200 (2001 bis 2003)
Ausführungen	Sicherheitszellen-Motorroller	
Motor	Einzylinder, 4 V-förmig hängende Ventile, über 2 per Steuerkette angetriebene Nockenwellen mit Tassenstößeln betätigt (DOHC), quer als Triebsatzschwinge verblockt, Nasssumpfschmierung mit Eatonpumpe, Wasserkühlung, Elektrostarter	
Bohrung x Hub (mm)	56,4 x 50	62 x 58,4
Hubraum (cm^3)	125	176
Verdichtungsverhältnis	13,0 : 1	11,5 : 1
Leistung (PS/kW) bei U/min	15/11 bei 9250	18/17 bei 9000
max. Drehmoment (Nm) bei U/min	12 bei 6500	17 bei 6500
Gemischaufbereitung	Einspritzung BMS, Ø 30 mm	
Elektrik	kontaktlose Transistorzündung, Drehstromlichtmaschine 12 V 400 W, Batterie 14 Ah	
Antrieb	Fliehkraftkupplung, automatisches Riemengetriebe, zweistufiges Stirnradvorgelege	
Endübersetzung	9,05	
Rahmen	Aus Alu-Segmenten verschweißter Spaceframe	
Radaufhängung vorne	Telelever-Gabel mit Dreieck-Längslenker, hydraulischer Stoßdämpfer	
Radaufhängung hinten	Triebsatz-Schwinge mit hydraulischem Federbein (Vorspannung einstellbar)	
Bremsen	vorne Scheibe, Ø 220 mm, Zweikolben-Schwimmsattel, hinten Scheibe, Ø 220 mm, Einkolben-Schwimmsattel	
Federweg vorne / hinten (mm)	75 / 85	
Lenkkopfwinkel /Nachlauf (mm)	63° / 113	
Räder vorne / hinten	3,5 x 13 / 3,5 x 12	
Reifen vorne / hinten	120/70-13 / 140/70-12	
Abmessungen L x B x H (mm)	2075 x 1026 x 1766	
Radstand (mm)	1488	
Sitzhöhe (mm)	701	
Leergewicht / zul. Gesamtgew. (kg)	185 / 360	
Kraftstofftank (l)	9,7	
Verbrauch (l/100 km)	2,9 Super	3,2 Super
Höchstgeschwindigkeit (km/h)	103 (auch als 80 km/h-Version lieferbar)	112
Beschleunigung 0 – 50 km/h (sec.)	5,9	3,9
Sonstiges		
Produktionszahlen	24 100	9400
Vorgängermodell	–	–
Nachfolgemodell	–	–
Preise (DM)	9990 (2000)	10 490 (2001)
Serienzubehör	G-Kat	G-Kat
Extras	ABS, diverse Ausstattungsvarianten	

roller eingeführt wurde. Die komplizierte Startprozedur, das eigenwillige Fahrverhalten, der schlechte Windschutz, die bedingte Soziustauglichkeit sowie der hohe Preis bremsten jedoch die gewünschte Verbreitung. Hinzu kam, dass man ausgerechnet im Rollerland Italien mit 125 cm³ Hubraum nicht auf Autobahnen fahren durfte. 2001 wurde zwar eine 175er-Version nachgeschoben (und als 200er verkauft), doch auch die konnte selbst im Williams-F1-Look nicht verhindern, dass – nach immerhin ca. 30 000 produzierten Fahrzeugen – die Produktion im Sommer 2003 wieder eingestellt wurde.

DOHC, vier Ventile, Einspritzung: Der 125er-Rotax-Motor des C1 hatte alles, was ein modernes Triebwerk braucht.

F 650 GS Dakar (2000 bis 2007)

Weil BMW die 2000er Rallye Paris–Dakar mit einer Einzylindermaschine gewinnen konnte, erschien neben der neuen GS die Dakar-Ausführung zunächst als Sondermodell. Mehr Federweg, ein 21-Zoll-Vorderrad, Handprotektoren und eine höhere Verkleidungsscheibe zeichneten diese Enduro aus. Weil sie sich fortwährend gut verkaufte, wurde aus dem Sondermodell ein Serienmotorrad, das sich bis 2007 im Programm hielt.

Vier Jahre nach dem letzten »Paris–Dakar«-Boxer erschien mit der F 650 GS Dakar wieder eine Reminiszenz an die berühmte Wüstenrallye.

BMW F 650 GS (Dakar) / F 650 CS

Konkurrenzmodelle: Aprilia Pegaso, Honda Transalp, Kawasaki KLR 650, Suzuki Freewind, Yamaha XT 600

Typ	F 650 GS (Dakar) (2000 bis 2007)	F 650 CS (2002 bis 2005)
Ausführungen	Enduro	Gebrauchsmotorrad (»Funbike«)
Motor	Einzylinder, 4 V-förmig hängende Ventile (36/31 mm), über 2 per Steuerkette angetriebene Nockenwellen mit Tassenstößeln betätigt (DOHC), quer stehend im Rahmen verschraubt, Trockensumpfschmierung mit 2 Trochoid-Ölpumpen, 2,3 l Öl, Ausgleichswelle, Wasserkühlung, Elektrostarter	
Bohrung x Hub (mm)	100 x 83	
Hubraum (cm³)	652	
Verdichtungsverhältnis	11,5 : 1	
Leistung (PS/kW) bei U/min	50/37 bei 6500 oder 34/25 bei 5500	50/37 bei 6500 oder 34/25 bei 6000
max. Drehmoment (Nm) bei U/min	60 bei 4800 oder 51 bei 4000	62 bei 5500 oder 50 bei 3000
Gemischaufbereitung	Einspritzung BMS-C II, Ø 43 mm	
Elektrik	BMS-C II (ab 2004 Doppelzündung), Drehstromlichtmaschine 400 W, Batterie 12 Ah	
Antrieb	Mehrscheiben-Ölbadkupplung, integriertes 5-Ganggetriebe, Fußschaltung, O-Ringkette | Zahnriemen	
Endübersetzung	2,94	2,93
Rahmen	Brückenrahmen aus Stahlprofilen, Unterzug angeschraubt	Brückenrahmen aus Stahlprofilen, Unterzug angeschraubt, Ölvorrat im Rahmen
Radaufhängung vorne	hydraulische Telegabel, Ø 41 mm	
Radaufhängung hinten	Stahlprofil-Schwinge mit Umlenkhebeln und hydraulischem Zentralfederbein (Vorspannung und Zugdämpfung einstellbar)	
Federweg vorne / hinten (mm)	170 / 165 (210 / 210)	125 / 120
Lenkkopfwinkel /Nachlauf (mm)	60,8° / 113 (123)	62,1° / 86
Bremsen	vorne Scheibe, Ø 300 mm, Zweikolben-Schwimmsattel, hinten Scheibe, Ø 240 mm, Einkolben-Schwimmsattel	
Räder vorne / hinten	2,5 x 19 (1.6 x 21) / 3,00 x 17	3,0 x 17 / 4,5 x 17
Reifen vorne / hinten	100/90- S19 (90/90 S21) / 130/80-S17	110/70 ZR 17 / 160/60 ZR 17
Abmessungen L x B x H (mm)	2175 (2189) x 910 x 1250 (1310)	2142 x 915 x 1380
Radstand (mm)	1479 (1489)	1493
Sitzhöhe (mm)	780 (870) (ab 1995 a.W. 750)	780
Leergewicht / zul. Gesamtgew. (kg)	193 (192) / 380	189 / 370
Kraftstofftank (l)	17,3	15
Verbrauch (l/100 km)	3,5 bis 5,0 Super (ab 2002 Normal)	
Höchstgeschwindigkeit (km/h)	170	178
Beschleunigung 0 – 100 km/h (sec.)	5,7	5,1
Sonstiges		
Produktionszahlen	39 623 (8 816)	19 064
Vorgängermodell	F 650	F 650 ST
Nachfolgemodell	F 650 GS (2-Zyl.)	–
Preise	13 483 / 14 429 DM (2000) – 7802 / 8412 EUR (2007)	7390 EUR (2002)
Serienzubehör	G-Kat	G-Kat
Extras	ABS, Koffer, Sturzbügel	ABS, Helmtasche, Musikanlage, Topcase

F 650 CS Scarver (2002 bis 2005)

Mit der Einführung der neuen F 650 fiel die alte ST aus dem Programm, und erst nach zweijähriger Verzögerung kam die Straßenmaschine F 650 CS auf den Markt. Mit der GS hatte sie nur den Motor gemeinsam. Beim Rahmen dienten jetzt die seitlichen Rohre als Ölvorratsbehälter, die Maschine rollte vorne und hinten auf 17 Zoll-Leichtmetallrädern, das Hinterrad saß in einer Einarmschwinge, und es wurde von einem Zahnriemen angetrieben. Da der Tank im Rahmendreieck saß, konnte der Raum zwischen Lenkkopf und Sitzbank mit verschiedenen Auf- und Einsätzen für Gepäck oder eine Stereoanlage versehen werden. Die Maschine sollte jugendliche Großstädter ansprechen, doch der kurze Produktionszeitraum deutet darauf hin, dass man sich etwas mehr als 19 000 verkaufte Fahrzeuge vorgestellt hatte.

Praktisches Universalmotorrad mit gewöhnungsbedürftiger Optik: BMW F 650 CS.

G 650 Xchallenge (ab 2007)

Nachdem sich die BMW-Enduros einen guten Ruf als Reisemaschinen erworben hatten, begann 2005 mit der HP2 der Bau echter Geländebolzen. 2007 wurde dieses Konzept auch auf die Einzylinder übertragen. Zwar bekam die neue Reihe sogar einen eigenen Buchstaben, doch der Motor der (wieder bei Aprilia produzierten) G-Maschinen ist im Wesentlichen mit der F-Reihe identisch. Die Xchallenge verfügt wie die HP2 über ein Luftdruck-Federbein und eine Upsidedown-Telegabel, das Gewicht konnte gegenüber der F 650 GS um 30 kg gesenkt werden – freilich auch dank eines nur 9,5 Liter fassenden Tanks. Auf Wunsch gibt es sogar ABS.

Keine Wettbewerbs-Enduro, aber ein ernst zu nehmendes Sportgerät: G 650 Xchallenge.

G 650 Xcountry (ab 2007)

Von BMW als »Scrambler« angeboten, stellt die Xcountry im Gegensatz zu manchen anderen modernen

Weniger ist oft mehr. Die Xcountry ist ein ideales Motorrad für Stadt, Land und Fluss-Furten.

Motorrädern dieses Typs ein durchaus geländegängiges Gerät dar. Mit einem herkömmlichen Federbein, kürzeren Federwegen und entsprechend niedrigerer Sitzhöhe sowie dem geringen Gewicht von 167 kg macht die puristische Maschine in jeder Umgebung Spaß. ABS gibt es gegen Aufpreis, einen geringen Verbrauch serienmäßig. Dass die Xcountry nicht Nachfolgerin der F 650 werden sollte, wurde Ende 2007 mit der Vorstellung der neuen F 650 mit 800er-Paralleltwin deutlich. Um jedoch nicht völlig in der Nische zu verschwinden, wurde der Preis deutlich gesenkt – dafür kann der 650er Einzylindermotor nun nicht mehr aus Österreich, sondern es wurde ein nahezu identisches Aggregat aus chinesischer Produktion (vom Hersteller Loncin) implantiert.

G 650 Xmoto (ab 2007)

Alle guten Dinge sind drei, also durfte bei der neuen G-Reihe auch eine Supermoto nicht fehlen. Mit 17-Zoll-Leichtmetallrädern, einer zupackenden Vorderradbremse und einem straff abgestimmten Fahrwerk (hinten mit normalem Stoßdämpfer) ist sie noch kein Wettbewerbsgerät, doch im Winkelwerk der Großstadt oder der Alpenpässe lässt sie sich richtig auswringen. Als einzige Supermoto ist die Xmoto optional mit ABS lieferbar. Wie bei der Xchallenge wurden auch bei der Xmoto (zumindest im Modelljahr 2008) das Triebwerk weiterhin aus dem Rotax-Werk im oberösterreichischen Gunskirchen bezogen.

Spaßmobil für die Kartbahn und den Großstadtdschungel: BMW Xmoto.

BMW G 650 Xchallenge / Xcountry / Xmoto

Konkurrenzmodelle: Husaberg FS/FE 650, Husqvarna TE/SM 610, KTM 690/640, MZ Baghira/Supermoto

Typ	G 650 Xchallenge (ab 2007)	G 650 Xcountry (ab 2007)	G 650 Xmoto (ab 2007)
Ausführungen	Sport-Enduro	Enduro	Supermoto
Motor	Einzylinder, 4 V-förmig hängende Ventile (36/31 mm), über 2 per Steuerkette angetriebene Nockenwellen mit Tassenstößeln betätigt (DOHC), quer stehend im Rahmen verschraubt, Trockensumpfschmierung mit 2 Trochoid-Ölpumpen, 2,3 l Öl, Ausgleichswelle, Wasserkühlung, Elektrostarter		
Bohrung x Hub (mm)	100 x 83		
Hubraum (cm³)	652		
Verdichtungsverhältnis	11,5 : 1		
Leistung (PS/kW) bei U/min	53/39 bei 7000		
max. Drehmoment (Nm) bei U/min	60 bei 5250		
Gemischaufbereitung	Einspritzung BMS-C II, ⌀ 43 mm		
Elektrik	BMS-C II, Doppelzündung, Drehstromlichtmaschine 12 V 280 W, Batterie 10 Ah		
Antrieb	Mehrscheiben-Ölbadkupplung, integriertes 5-Ganggetriebe, Fußschaltung, O-Ringkette		
Endübersetzung (Anzahl der Zähne)	3,133 (15/47)	2,937 (16/47)	
Rahmen	Brückenrahmen aus Stahlrohr, Unterzug, Profile und Heck aus Alu angeschraubt		
Radaufhängung vorne	Upsidedown-Telegabel, ⌀ 45 mm, Zug- und Druckdämpfung einstellbar		
Radaufhängung hinten	Aluguss-Schwinge, Luftdruck-Stoßdämpfer	Aluguss-Schwinge, Gasdruckfederbein	
Federweg vorne / hinten (mm)	270 / 270	240 / 210	270 / 245
Lenkkopfwinkel / Nachlauf (mm)	62,5° / 118	61,5° / 116	61,5° / 98
Bremsen	vorne Scheibe, ⌀ 300 mm, Doppelkolben-Sattel, hinten Scheibe, ⌀ 240 mm, Einkolben-Schwimmsattel		vorne Scheibe, ⌀ 320 mm, Vierkolben-Festsattel, hinten Scheibe, ⌀ 240 mm, Einkolben-Schwimmsattel
Räder vorne / hinten	1,60 x 21 / 2,50 x 18	2,50 x 19 / 3,0 x 17	3,50 x 17 / 4,50 x 17
Reifen vorne / hinten	90/90-21 / 140/80-18	100/90-19 / 130/80-17	120/70-17 / 160/60-17
Abmessungen L x B (mm)	2205 x 907	2185 x 907	2155 x 907
Radstand (mm)	1500	1498	1500
Sitzhöhe (mm)	930	840 bis 870	920
Leergewicht / zul. Gesamtgew. (kg)	156 / 335	160 / 335	159 / 335
Kraftstofftank (l)	9,5		
Verbrauch (l/100 km)	3,6 bis 5,1 Super	3,4 bis 4,8 Super	3,5 bis 5,0 Super
Höchstgeschwindigkeit (km/h)	165	170	170
Beschleunigung 0–100 km/h (sec.)	4,1	4,1	4,1
Sonstiges			
Produktionszahlen	laufende Produktion	laufende Produktion	laufende Produktion
Vorgängermodell	F 650 GS Dakar	F 650 GS	–
Nachfolgemodell	–	–	–
Preise (EUR)	8460 (2007), 8200 (2008)	8160 (2007), 6900 (2008)	8960 (2007), 8700 (2008)
Serienzubehör	Hand-Luftpumpe		
Extras	ABS, Soziusgriff und -Rasten, diverse Protektoren, Bordwerkzeug; Xcountry: Windschild		

BMW-Zweizylinder ab 1950

R 51/2 (1950 bis 1951)

Im Oktober 1949, drei Monate nach Ende der von den Besatzungsmächten auferlegten Hubraumbegrenzung auf 250 cm³, stand in München mit der R 51/2 der erste Nachkriegs-Boxer bereit – wenn er auch noch stark an das Vorkriegsmodell R 51 angelehnt war, das wiederum auf der R 5 von 1936 basierte. Auch der Motor der R 51/2 hatte zwei Nockenwellen, doch die Zylinderköpfe stammten von der R 24, die Leistung war bei 24 PS geblieben. Am Fahrwerk mit hydraulischer Telegabel und Geradewegfederung sowie 200 mm Halbnaben-Trommelbremsen war nichts verändert worden, nur die Schutzbleche waren voluminöser ausgeführt. Zündapp hatte bereits im Sommer 1949 die KS 601 vorgestellt, die dank des größeren Hubraums über 28 PS verfügte, doch mit 2550 DM genau 200 DM unter der BMW lag. Trotzdem verkaufte sich die BMW in einem Jahr mit 5000 Einheiten fast so gut wie die Zündapp in neun Jahren (ca. 7000 Stück).

Als erster Nachkriegs-Boxer musste die R 51/2 trotz sportlicher Gene auch Beiwagen ziehen.

R 51/3 (1951 bis 1954)

Für die R 51/3 wurde ein völlig neuer Motor konstruiert – obwohl Bohrung/Hub-Verhältnis und Leistung gleich blieben. Eine Nockenwelle weniger bedeutete zwar geringere Kosten, dafür trieb man diese mit schwieriger als Kettentriebe zu fertigenden Stirnrädern an. Die Lichtmaschine wanderte von oben auf den vorderen Kurbelwellenstumpf. Das Fahrwerk hatte man gegenüber der R 51/2 kaum verändert, nur verzögerte ab 1952 vorne eine Duplexbremse; im letzten Produktionsjahr sogar in Vollnabenausführung. Zusammen mit der in Bohrung und Hub vergrößerten R 67 (600 cm³) wurde sie in Amsterdam vorgestellt. In den drei Jahren ihrer Produktion wurden über 18 000 Maschinen abgesetzt.

BMW R 51/2 / R 51/3

Konkurrenzmodelle: BSA A 7, Horex Imperator, Norton Model 7, Triumph T 100

Typ	R 51/2 (1950 bis 1951)	R 51/3 (1951 bis 1954)
Ausführungen	Touren- und Gespannmotorrad	Touren- und Gespannmotorrad
Motor	»254/1« – 2-Zylinder-Boxer, 2 V-förmig hängende Ventile, Stößelstangen, Kipphebel (OHV), längs im Rahmen verschraubt, 2 Nockenwellen mit Steuerkette, 2 Liter Motoröl, Zahnradölpumpe, Luftkühlung, Kickstarter	»252/1« – 2-Zylinder-Boxer, 2 V-förmig hängende Ventile, Stößelstangen, Kipphebel (OHV), längs im Rahmen verschraubt, zentrale Nockenwelle mit Stirnrädern, 2 Liter Motoröl, Zahnradölpumpe, Luftkühlung, Kickstarter
Bohrung x Hub (mm)	68 x 68	
Hubraum (cm³)	494	
Verdichtungsverhältnis	6,3 : 1	
Leistung (PS/kW) bei U/min	24/17,5 bei 5800	
max. Drehmoment (Nm) bei U/min	k.A.	k.A.
Gemischaufbereitung	2 Bing, Ø 22 mm	
Elektrik	Bosch Batteriezündung, Lichtmaschine 6 V 75 W, Batterie 7 Ah	Noris Magnetzündung, Lichtmaschine 6 V 60 W, Batterie 7 Ah
Antrieb	Einscheiben-Trockenkupplung, angeblocktes 4-Ganggetriebe »250/3« | »250/4« mit Fußschaltung u. Handhebel, Hardyscheibe, Kardanwelle, Kegelrad-Winkeltrieb	
Endübersetzung (Anzahl der Zähne)	solo: 3,89 (9/35), Gespann: 4,57 (7/32)	
Rahmen	Doppelschleifenrahmen aus ovalen Stahlrohren »250/3«, gespanntauglich	
Radaufhängung vorne	ölgedämpfte Teleskopgabel	
Radaufhängung hinten	Teleskop-Geradewegfederung (ungedämpft)	
Federweg vorne / hinten (mm)	160 / 80	
Bremsen	vorne und hinten Halbnaben-Trommelbremsen Ø 200 mm, ab 1952 vorne Duplex, ab 1954: Vollnabenbremsen	
Räder	3 x 19, austauschbar	
Reifen	3,50 x 19 (Gespann: hinten 4,00 x 19)	
Abmessungen L x B (mm)	2130 x 815	2130 x 790
Radstand (mm)	1400	
Sitzhöhe (mm)	720	
Leergewicht / zul. Gesamtgew. (kg)	185 / 400	190 / 355
Kraftstofftank (l)	14 (Normal)	17 (Normal)
Verbrauch (l/100 km)	4 (mit Beiwagen: 5,2)	4,5 (mit Beiwagen: 5,6)
Höchstgeschwindigkeit (km/h)	135 (mit Beiwagen: 105 bis 110)	135 (mit Beiwagen: 105 bis 110)
Beschleunigung 0 – 100 km/h (sec.)	k.A.	k.A.
Sonstiges		
Produktionszahlen	5000	18 420
Vorgängermodell	R 51	R 51/2
Nachfolgemodell	R 51/3	R 50
Preise (DM)	2750 (1950)	2750 (1951)
Serienzubehör		
Extras	Soziussitz, Seitenwagen	Soziussitz, Seitenwagen

Im Fahrwerk der R 51/3 steckte ein neuer, glattflächiger Motor mit alten Daten.

R 67 (1951 bis 1956)

In der Fahrwerks- und Motorkonstruktion ähnelte die R 67 der R 51/3, doch dank 4 mm mehr Bohrung und 5mm mehr Hub entwickelte sie etwas mehr Leistung bei geringerer Drehzahl, sodass sie eine ideale Gespannmaschine war und hierdurch endlich eine echte Konkurrenz gegen die inzwischen »Grüner Elefant« getaufte Zündapp KS 601 aus Nürnberg darstellte. Bereits 1952 und nach lediglich 1470 Exemplaren erschien die Ausbaustufe »/2« mit 28 PS und Duplexbremse im Vorderrad. 4234 Maschinen dieses Typs

Eine R 67/2 mit Halbnabenbremse und Gabelmanschetten sowie dem Hochlenker der US-Modelle.

wurden gebaut. Weil seit Einführung der R 68 im Jahre 1952 die R 67 vorwiegend als Gespannmaschine eingesetzt wurde, kam sie ab 1955 in der letzten Ausführung namens »/3« mit 4,00 x 18-Zoll-Hinterrad – allerdings lediglich in 700 Exemplaren.

R 68 (1952 bis 1954)

Eigentlich hatte man lediglich bei der R 67 die Verdichtung von 5,6 auf 7,5 zu 1 erhöht und 2 mm größere Vergaser sowie neue Ventildeckel montiert. Doch weil dies eine Leistung von 35 PS brachte, mit der die Maschine knapp über 160 km/h lief, wurde sie zum ersten Serienmotorrad erklärt, das über hundert Meilen lief. (Zwar waren Vincent-Maschinen schon Jahre zuvor im vorletzten Gang weit schneller, doch bezeichnete man sie kurzerhand als Einzelanfertigungen.) Das Prestige einer R 68 ließ BMW sich fürstlich bezahlen: Mit 3950 DM kostete sie beträchtliche 725 DM mehr als eine R 67/2. Für nur 200 Mark mehr hätte man einen VW Käfer bekommen.

Bei der Vorstellung trug die R 68 Gabelhülsen und einen hochgelegten 2-in-1-Auspuff, der später nur auf Wunsch montiert wurde.

Ausgeliefert wurde die R 68 mit Gabelmanschetten und einem unten liegenden Doppelauspuff.

BMW R 67 / R 68

Konkurrenzmodelle: BSA A 10, Norton Dominator, Triumph Thunderbird, Zündapp KS 601

Typ	R 67 (1951 bis 1956)	R 68 (1952 bis 1954)
Ausführungen	Touren- und Gespannmotorrad	Sportmotorrad
Motor	»267/1« / »268/1« – 2-Zylinder-Boxer, 2 V-förmig hängende Ventile, Stößelstangen, Kipphebel (OHV), längs im Rahmen verschraubt, zentrale Nockenwelle mit Stirnrädern, 2 Liter Motoröl, Zahnradölpumpe, Luftkühlung, Kickstarter	
Bohrung x Hub (mm)	72 x 73	
Hubraum (cm³)	594	
Verdichtungsverhältnis	5,6 : 1	7,5 : 1
Leistung (PS/kW) bei U/min	26/19 bei 5500	35/26 bei 7000
max. Drehmoment (Nm) bei U/min	k.A.	k.A.
Gemischaufbereitung	2 Bing Schiebervergaser, Ø 24 mm	2 Bing Schiebervergaser, Ø 26 mm
Elektrik	Noris Magnetzünder und Lichtmaschine 6 V 60 W, Batterie 7 Ah	
Antrieb	Einscheiben-Trockenkupplung, angeblocktes 4-Ganggetriebe »250/4«	»250/5« mit Fußschaltung u. Handhebel, Hardyscheibe, Kardanwelle, Kegelrad-Winkeltrieb	
Endübersetzung (Anzahl der Zähne)	solo: 3,56 (9/32), Gespann: 4,38 (8/35)	solo: 3,89 (9/35), Gespann: 4,57 (7/32)
Rahmen	Doppelschleifenrahmen aus ovalen Stahlrohren, »251/3« / »251/4«, gespanntauglich	
Radaufhängung vorne	ölgedämpfte Teleskopgabel	
Radaufhängung hinten	Teleskop-Geradewegfederung (ungedämpft)	
Federweg vorne / hinten (mm)	160 / 80	
Bremsen	vorne und hinten Halbnaben-Trommelbremsen Ø 200 mm, ab 1952 vorne Duplex, ab 1954: Vollnabenbremsen	
Räder	2,15 x 19, ab 1955: hinten 2,15 x 18	2,15 x 19
Reifen	3,50 x 19, ab 1955: hinten 4,00 x 18	3,50 x 19
Abmessungen L x B (mm)	2130 x 790	2150 x 790
Radstand (mm)	1400	ca. 1420
Sitzhöhe (mm)	720	725
Leergewicht / zul. Gesamtgew. (kg)	192 / ca. 400	193 / ca. 400
Kraftstofftank (l)	14	17
Verbrauch (l/100 km)	4,6 (mit Beiwagen: 5,7) Normal	4,6 Super
Höchstgeschwindigkeit (km/h)	145 (mit Beiwagen: 110)	160
Beschleunigung 0 – 100 km/h (sec.)	k.A.	k.A.
Sonstiges		
Produktionszahlen	6404	1452
Vorgängermodell	R 61	R 66
Nachfolgemodell	R 60	R 69
Preise (DM)	2875 (1951) bis 3225 (1955)	3950 (1952)
Serienzubehör		
Extras	Soziussitz, Seitenwagen	Soziussitz, Sportausrüstung, hochgelegter Auspuff, Seitenwagen

R 50 (1955 bis 1969)

Geradeweg-Hinterradfederungen sahen Mitte der 1950er-Jahre bereits etwas antiquiert aus. Also entschloss man sich bei BMW, Nägel mit Köpfen zu machen, und neue Fahrwerke mit Schwingen zu entwickeln – hinten eine gezogene und vorne eine geschobene. Die vorne verwendete Radaufhängung war Anfang des Jahrzehnts vom Briten Ernest Earles für Sportmaschinen entwickelt worden, weil sie stabiler war als damalige Telegabeln. Ein weiterer Vorzug war ihre gute Funktion im Gespannbetrieb sowie die hier nötige Verstellmöglichkeit für den Nachlauf. Weil BMWs viel mit Beiwagen gefahren wurden, nahm man ihren Nachteil – erhöhtes Gewicht – in Kauf. Anders als bei den meisten anderen aktuellen Motorrädern fiel der Rahmen hinten ab, doch das kam der bekannten BMW-Optik entgegen. Den Motor hatte man fast unverändert von der R 51/3 übernommen, nur wurden ihm durch eine leicht erhöhte Verdichtung zwei zusätzliche PS entlockt. Eine neue Tellerfeder-Kupplung, ein Dreiwellen-Getriebe und ein komplett gekapselter Antrieb vervollständigten das Modell. Bereits 1957 gab es das

Trotz Dunkelheit nicht eingeschaltet: Ab 1957 trug die R 50 das große Pkw-Rücklicht.

größere Rücklicht des V8-Pkws. Ab 1960 hieß das an Kurbel- und Nockenwelle verstärkte Modell R 50/2, unterschied sich jedoch äußerlich nur durch Lenkerblinker vom Vorgänger.

Das beim Beschleunigen aufsteigende Heck und die beim Bremsen aufsteigende Front der Vollschwingen-Fahrwerke sorgten bald für den Spitznamen »Gummikuh«.

R 69 (1955 bis 1960)

Als Nachfolgerin der R 68 hatte die R 69 wie bereits die R 50 das neue Vollschwingenfahrwerk samt überarbeitetem Antrieb erhalten, doch der Motor blieb nahezu unverändert. Wie es dazu kam, dass eine nochmals erhöhte Verdichtung zwar nicht zu mehr Leistung, aber zu gestiegener Höchstgeschwindigkeit führte, bleibt ein Firmengeheimnis. Zwar lag der Preis weiterhin zehn Mark unter der 4000-Grenze, doch kostete ein 1200er Standard-Volkswagen mittlerweile 200 DM weniger! Dennoch wurden fast 3000 R 69 gefertigt, von denen viele in den Export gingen.

Das 600 cm³ große Triebwerk der R 69 leistete 35 PS. Seine Ventildeckel-Form wurde (mit Unterbrechung) bis 1994 beibehalten.

Ernst »Klacks« Leverkus testete 1957 eine R 69 mit Heinrich-Verkleidung.

R 60 (1956 bis 1969)

Als Ablösung für die R 67 erschien 1956 die R 60 mit altem Motor und neuer Kraftübertragung im neuen Fahrwerk. Die Leistung blieb zunächst ebenfalls gleich, doch 1960 konnte sie dank verstärkter Komponenten und erhöhter Verdichtung um zwei auf 30 PS erhöht werden, sodass die Maschine ab jetzt R 60/2 hieß. Die

Diese R 60 wurde mit großem Luftfilter und Sitzbank auf Sport getrimmt.

Nicht nur Behörden und der ADAC schworen auf BMW-Gespanne – hier eine R 60 mit TR 500-Beiwagen.

BMW R 50 / R 60 / R 69

Konkurrenzmodelle: BSA A 10/65, Norton 88/99, Moto Guzzi V7, Triumph Thunderbird

Typ	R 50 (1955 bis 1969)	R 60 (1956 bis 1969)	R 69 (1955 bis 1960)
Ausführungen	Touren- und Gespannmotorrad		Sportmotorrad
Motor	»252/2« / »267/4« / »268/2«– 2-Zylinder-Boxer, 2 V-förmig hängende Ventile, Stößelstangen, Kipphebel (OHV), längs im Rahmen verschraubt, zentrale Nockenwelle mit Stirnrädern, 2 Liter Motoröl, Zahnradölpumpe, Luftkühlung, Kickstarter		
Bohrung x Hub (mm)	68 x 68	72 x 73	
Hubraum (cm³)	494	594	
Verdichtungsverhältnis	6,8 : 1	6,5 (ab 1960: 7,5) : 1	8,1 : 1
Leistung (PS/kW) bei U/min	26/19 bei 5800	28/21 bei 5600, ab 1960: 30/22 bei 5800	30/22 bei 5800
max. Drehmoment (Nm) bei U/min	35 bei 4500	40 bei 4200, ab 1960: 42 bei 4200	43 bei 3800
Gemischaufbereitung	2 Bing Schiebervergaser, Ø 24 mm		2 Bing, Ø 26 mm
Elektrik	Noris Magnetzünder und Lichtmaschine 6 V, 60 – 90 W, Batterie 6V, 8 Ah (Behördenausführung: Lichtmaschine 12 V, 100 – 150 W)		
Antrieb	Einscheiben-Trockenkupplung, angeblocktes 4-Ganggetriebe »245/1« mit Fußschaltung, Kardanwelle mit Kreuzgelenk, Kegelrad-Winkeltrieb		
Endübersetzung (Anzahl der Zähne)	3,18 (11/25) oder 3,13 (8/25); Gespann: 4,33 (6/26)	2,91 (11/32) oder 3,13 (8/25), Gespann: 3,86 (7/27) oder 4,33 (6/26)	3,18 (11/25) oder 3,13 (8/25); Gespann: 4,33 (6/26)
Rahmen	Doppelschleifenrahmen aus ovalen Stahlrohren »245/1« (R 50/R 69) / »254/1« (R 60), gespanntauglich		
Radaufhängung vorne	geschobene Langschwinge mit 2 hydraulischen Federbeinen		
Radaufhängung hinten	Schwinge mit 2 hydraulischen Federbeinen (Vorspannung einstellbar)		
Federweg vorne / hinten (mm)	116 / 104		
Lenkkopfwinkel / Nachlauf (mm)	k.A. / 95 (Gespann: 60)		
Bremsen	Vollnabentrommeln Ø 200, vorne Duplex, hinten Simplex		
Räder vorne / hinten	2,15 x 18 (Gespann hinten: 2,75 x 18)		
Reifen vorne / hinten	3,50-18 (Gespann: 4,00-18)		
Abmessungen L x B (mm)	2125 x 722		
Radstand (mm)	1415 (Gespann: 1450)		
Sitzhöhe (mm)	725		
Leergewicht / zul. Gesamtgew. (kg)	198 / 360 (Gespann: 600)		202 / 360 (Gespann: 600)
Kraftstofftank (l)	17		
Verbrauch (l/100 km)	4,5 (Gespann: 5,5) Normal	4,2 (Gespann: 5,6) Normal	4,6 Super
Höchstgeschwindigkeit (km/h)	140	145	165
Beschleunigung 0 – 100 km/h (sec.)	k.A.	k.A.	k.A.
Sonstiges			
Produktionszahlen	32 546	20 271	2956
Vorgängermodell	R 51/3	R 67	R 68
Nachfolgemodell	R 50/5	R 60/5	R 69 S
Preise (DM)	3050 (1955)	3235 (1956) – 3315 (1960)	3950 (1955)
Serienzubehör			Kotflügel-Sitzkissen
Extras	Soziussitz, Beiwagen		

R 60 galt als ideales Arbeitstier und perfekte Seitenwagen-Zugmaschine. Wie verschiedene andere BMWs konnte sie ab Werk mit einem von Steib bezogenen Beiwagen und einer geänderten Endübersetzung bestellt werden. Ab 1967 wurden für den US-Markt bestimmte Ausführungen mit der neuen Telegabel ausgerüstet, die in Deutschland erst mit den »Strich-Fünf«-Modellen angeboten wurde. Im Laufe der 13-jährigen Produktionszeit wurde eine für den damaligen nahezu toten Motorradmarkt dank des hohen Exportanteils beachtliche Stückzahl von über 20 000 Maschinen erreicht.

R 50 S (1960 bis 1962)

Nachdem BMW aufgrund einer verfehlten Modellpolitik bei den Automobilen Ende 1959 fast zu einem Zulieferbetrieb für Mercedes geworden wäre und erst in letzter Minute gerettet wurde, konnten auf der IFMA 1960 die Früchte des neuen Selbstvertrauens besichtigt werden: zwei echte Sportmaschinen. Die R 50 S hatte dank feiner Detailverbesserungen und erhöhter Verdichtung die gleiche Leistung wie zuvor die R 69, damit gehörte sie zu den schnellsten 500ern der Welt. Optisch unterschied sie sich von der R 50 durch den größeren Luftfilterdeckel und einen hydraulischen Lenkungsdämpfer. Weil sie teurer war als eine R 60 und zudem im Schatten ihrer großen Schwester R 69 S stand, blieb ihr Erfolg bescheiden, und sie wurde nach nur zwei Jahren und 1634 Exemplaren aus dem Programm genommen.

Viel Leistung braucht viel Luft – und so war die R 50 S hauptsächlich durch den großen Luftfilter von der Standardversion unterscheidbar.

R 69 S (1960 bis 1969)

Als Spitzenmodell wurde im Herbst 1960 die R 69 S auf der IFMA ausgestellt. Obwohl sie sich nur durch Details von der R 69 unterschied, gehörte sie mit 42 PS und 175 km/h Höchstgeschwindigkeit zu den stärksten und schnellsten Motorrädern ihrer Zeit – und zu den teuersten. Mit einer Verdichtung von 9,5 zu 1 hatte man dem Motor anfangs etwas zu viel zugemutet, sodass öfter Kurbelwellen brachen. Ab 1962 wurde daher bei beiden S-Modellen vorne auf die Welle ein Schwingungsdämpfer gesetzt, der das Problem behob – der vordere Motordeckel bekam hierfür eine kleine Auswölbung. Über 11 000 gebaute Maschinen wiesen darauf hin, dass sich der Motorradmarkt langsam wieder erholte – und der Trend zum Spaß- und Sportmotorrad ging.

Neben dem Luftfilter waren auch der hydraulische Lenkungsdämpfer und die mittlere Strebe des Vorderradkotflügels Merkmale der R 69 S.

BMW R 50 S / R 69 S

Konkurrenzmodelle: BSA A65, Harley-Davidson Sportster, Honda CB 450, Norton Dominator, Triumph Daytona/Bonneville

Typ	R 50 S (1960 bis 1962)	R 69 S (1960 bis 1969)
Ausführungen	Sportmotorrad	Sportmotorrad
Motor	»252/2« / »267/4« / »268/2«– 2-Zylinder-Boxer, 2 V-förmig hängende Ventile, Stößelstangen, Kipphebel (OHV), längs im Rahmen verschraubt, zentrale Nockenwelle mit Stirnrädern, 2 Liter Motoröl, Zahnradölpumpe, Luftkühlung, Kickstarter	
Bohrung x Hub (mm)	68 x 68	72 x 73
Hubraum (cm³)	494	594
Verdichtungsverhältnis	9,2 : 1	9,5 : 1
Leistung (PS/kW) bei U/min	35/26 bei 7650	42/31 bei 7000
max. Drehmoment (Nm) bei U/min	33 bei 6500	45 bei 5700
Gemischaufbereitung	2 Bing Schiebervergaser, ⌀ 26 mm	
Elektrik	Noris Magnetzünder und Lichtmaschine 6 V 60 – 90 W, Batterie 8 Ah (Behördenausführung: Lichtmaschine 12 V, 100 – 150 W)	
Antrieb	Einscheiben-Trockenkupplung, angeblocktes 4-Ganggetriebe »245/1« mit Fußschaltung, Kardanwelle mit Kreuzgelenk, Kegelrad-Winkeltrieb	
Endübersetzung (Anzahl der Zähne)	solo: 3,58 (7/25),Gespann: 4,33 (6/26)	solo: 3,13 (8/25) oder 3,38 (8/27), Gespann: 4,33 (6/26)
Rahmen	Doppelschleifenrahmen aus ovalen Stahlrohren, gespanntauglich	
Radaufhängung vorne	geschobene Langschwinge mit 2 hydraulischen Federbeinen	
Radaufhängung hinten	Schwinge mit 2 hydraulischen Federbeinen (Vorspannung einstellbar)	
Federweg vorne / hinten (mm)	116 / 104	
Lenkkopfwinkel /Nachlauf (mm)	k.A. / 95 (Gespann: 60)	k.A. / 95 (Gespann: 60)
Bremsen	Vollnabentrommeln ⌀ 200, vorne Duplex, hinten Simplex	
Räder	2,15 x 18 (Gepann hinten: 2,75 x 18)	
Reifen	3,50-S 18 (Gespann: 4,00-18)	
Abmessungen L x B (mm)	2125 x 722	
Radstand (mm)	1415 (Gespann: 1450)	
Sitzhöhe (mm)	725	
Leergewicht / zul. Gesamtgew. (kg)	198 / 360 (Gespann: 600)	202 / 360 (Gespann: 600)
Kraftstofftank (l)	17 (Super)	
Verbrauch (l/100 km)	5,1	5,3
Höchstgeschwindigkeit (km/h)	160	175
Beschleunigung 0 – 100 km/h (sec.)	k.A.	k.A.
Sonstiges		
Produktionszahlen	1634	11 317
Vorgängermodell	–	R69
Nachfolgemodell	–	R 75/5
Preise (DM)	3535 (1960)	4030 (1960) – 4433 (1968)
Serienzubehör	hydraulischer Lenkungsdämpfer	hydraulischer Lenkungsdämpfer
Extras	Doppelsitzbank, Seitenwagen	Doppelsitzbank, Seitenwagen

R 75/5, R 60/5, R 50/5 (1969 bis 1973)

Ende der 1960er-Jahre war eine 600er nichts besonderes mehr, ein solch altertümlich wirkendes Gefährt wie eine R 69 S sah gegen eine Norton Commando, eine Triumph Trident und besonders eine Honda CB 750 sogar »richtig alt« aus. Selbst die bisher »kleinen Italiener« hatten mit der Guzzi V7 1966 ein schweres Eisen entwickelt. Auch bei BMW erkannte man, dass sich auf dem Motorradmarkt etwas tat – und dass man etwas unternehmen musste, um am Ball zu bleiben. Im Lastenheft standen bald viele Punkte: Optisch musste die Maschine mit einem neuen Rahmen und einer Telegabel aktualisiert werden, elektrisch wurde ein Anlasser und eine 12 Volt-Elektrik nötig, und mechanisch war der Motor der R 69 S ebenfalls am Ende angelangt. Außer beim Konzept mit längs liegendem Boxer mit Kardanantrieb sollte kein Stein auf dem anderen verbleiben. 750 cm³ Hubraum hatten zunächst zu genügen, außerdem sollte es 500er- und 600er-Versionen geben. Also entstand ein kompletter Bruch: Alle alten Modelle flogen aus dem Programm, und alle neuen basierten aufeinander – zudem sollte die Produktion der Motorräder aus Platzgründen nach West-Berlin verlegt werden.

Der Rahmen erinnerte an das legendäre »Federbett«-Modell von Norton. Er war erheblich leichter als der alte, aber auch nicht mehr gespanntauglich. Durch die neue Telegabel war der Federweg gegenüber den Schwingen-Stoßdämpfern – aber auch den Konkurrenzprodukten – deutlich angewachsen. Der Motor war zwar weiterhin ein OHV-Boxer, doch war die Kurbelwelle jetzt gleitgelagert, und die nun per Kette angetriebene Nockenwelle musste nach unten verlegt

Völlig neues Motorrad mit völlig neuen Farben: Vor der /5-Reihe waren alle BMWs schwarz oder auf ganz besonderen Wunsch weiß lackiert.

werden, um Platz für den Anlasser zu schaffen, der zusammen mit dem Luftfilter oben im großen »Koffer« versteckt war.
Alle drei Varianten waren nahezu baugleich und wiesen sogar die gleiche Kurbelwelle mit 70,6 mm Hub auf, nur die Zylinderbohrungen variierten zwischen 67 und 82 mm. Weitere Unterschiede waren: Die R 50/5 gab es nur auf Wunsch mit Anlasser und die R 75/5 besaß Gleichdruck-Vergaser. Natürlich waren auch die Nockenwelle und die Zylinderköpfe an den entsprechenden Hubraum angepasst. Ab 1971 verdeckten verchromte Seitendeckel die Rahmendreiecke, und wem der kleinere 17,5 Liter-Tank mit verchromten Seitenflächen nicht gefiel, der konnte die alte Ausführung mit 24 Litern gegen 29 DM Aufpreis ordern. Kurz vor dem Auslaufen der Baureihe sollte durch eine um 50 mm verlängerte Hinterradschwinge das Fahrverhalten verbessert werden. Anfangs kam man aufgrund des Umzugs sowie der unerwarteten Nachfrage kaum mit der Produktion hinterher, doch nach vier Jahren hatten knapp 69 000 Strich-Fünf-Modelle das Spandauer Werk verlassen.

Der fehlende Schiebervergaser zeigt, dass dies keine 750er ist – da der Motor keine weitere Typenbezeichnung aufweist, kann es sich sowohl um eine R 50/5 als auch um eine R 60/5 handeln.

BMW R 50/5 / R 60/5 / R 75/5

Konkurrenzmodelle: Honda CB 450/750, Kawasaki 500, Moto Guzzi V7, Triumph Daytona/Bonneville, Yamaha XS 1/TX 750

Typ	R 50/5 (11/1969 – 4/1973)	R 60/5 (9/1969 – 8/1973)	R 75/5 (10/1969 – 8/1973)
Ausführungen	Tourenmotorrad		Touren- u. Sportmotorrad
Motor	»246« – 2-Zylinder-Boxer, 2 V-förmig hängende Ventile (R50: 34/32 mm; R60: 38/34 mm; R 75: 42/38 mm), Stößelstangen, Kipphebel (OHV), längs im Rahmen, zentrale Nockenwelle mit Steuerkette, 2,25 Liter Motoröl, Eaton-Ölpumpe, Luftkühlung, Elektrostarter (R 50/5 a.W.), Kickstarter		
Bohrung x Hub (mm)	67 x 70,6	73,5 x 70,6	82 x 70,6
Hubraum (cm³)	496	599	745
Verdichtungsverhältnis	8,6 : 1	9,2 : 1	9,0 : 1
Leistung (PS/kW) bei U/min	32/23,5 bei 6400	40/29,5 bei 6400	50/37 bei 6200
max. Drehmoment (Nm) bei U/min	39 bei 5000	49 bei 5000	50 bei 5000
Gemischaufbereitung	2 Bing Schiebervergaser, Ø 26 mm		2 Bing Gleichdruckvergaser, Ø 32 mm
Elektrik	Bosch Batteriezündung, Drehstrom-Lichtmaschine 12 V 180 W, Batterie: 16, 18 oder 20 Ah		
Antrieb	Einscheiben-Trockenkupplung, angeblocktes 4-Ganggetriebe »246« mit Fußschaltung, Kardanwelle mit Kreuzgelenk, Kegelrad-Winkeltrieb		
Endübersetzung (Anzahl der Zähne)	3,56 (9/32)	3,36 (11/37) oder 3,56 (9/32)	2,91 (11/32), ab 1970: 3,20 (10/32) oder 3,36 (11/37)
Rahmen	Doppelschleifenrahmen aus ovalen Stahlrohren mit angeschraubtem Heck		
Radaufhängung vorne	Hydraulische Teleskopgabel, Ø 36 mm		
Radaufhängung hinten	Schwinge mit 2 hydraulischen Federbeinen (Vorspannung einstellbar)		
Federweg vorne / hinten (mm)	208 / 125		
Lenkkopfwinkel / Nachlauf (mm)	62° / 85		
Bremsen	Vollnabentrommeln Ø 200, vorne Duplex, hinten Simplex		
Räder vorne / hinten	1,85 x 19 / 1,85 x 18 (ab 1972: 2,15 x 18)		
Reifen vorne / hinten	3,25-S 19 / 4,00-S 18		
Abmessungen L x B (mm)	2100 (ab 1973: 2150) x 740		
Radstand (mm)	1385 (ab 1973: 1435)		
Sitzhöhe (mm)	810		
Leergewicht / zul. Gesamtgew. (kg)	210 / 398		
Kraftstofftank (l)	22 (ab 1971: auch 17,5)		
Verbrauch (l/100 km)	4,6 Normal	4,8 Super	4,5 Super
Höchstgeschwindigkeit (km/h)	157	167	175
Beschleunigung 0 – 100 km/h (sec.)	10,2	8,2	6,4
Sonstiges			
Produktionszahlen	7865	22 721	38 370
Vorgängermodell	R 50	R 60	R 69 S
Nachfolgemodell	–	R 60/6	R 75/6
Preise (DM)	3696 (1969) – 4790 (1973)	3996 (1969) – 5465 (1973)	4996 (1969) – 6250 (1973)
Serienzubehör		Elektrostarter	Elektrostarter
Extras	Elektrostarter, hydraulischer Lenkungsdämpfer	hydraulischer Lenkungsdämpfer	

R 90/6, R 75/6, R 60/6 (1973 bis 1976)

Ende 1973 erhielten die neuen BMWs alles, was die Kundschaft von modernen Maschinen erwartete: Statt der Duplex-Trommelbremse im Vorderrad kam (zunächst nur bei der R 75/6) eine Scheibenbremse zum Einsatz; separate Instrumente ersetzten das in den Lampentopf integrierte Kombi-Instrument; das Getriebe bekam einen fünften Gang. Zudem wurde aufgrund weiterhin bestehender Pendelneigung ein verstellbarer hydraulischer Lenkungsdämpfer spendiert. An der neuen Bremse gab es Kritik, weil der Hydraulikzylinder unter dem Tank versteckt lag und erst per Bowdenzug betätigt werden musste – BMW argumentierte mit einer »ausgewogenen Lenkung«. Die 500er-Version war bislang fast nur von Behörden geordert worden und wurde mangels Nachfrage eingestellt. Stattdessen wurden die 750er-Zylinder um 8 mm aufgebohrt, sodass eine 900er entstand, die immerhin 60 PS leistete. Äußerlich unterschied sich die R 90/6 nur durch die mattschwarzen Blinkergehäuse von der R 75/6. Obwohl 500 DM teurer als die 750er, verkaufte sich die 900er besser. (Technische Daten R 90/6: S. 76)

Flower-Power: Statt harter Männer in schwarzem Leder saßen nun auch farbenfrohe Frauen auf »schweren Maschinen«.

R 90/6, R 75/6, R 60/6 (1973 BIS 1976)

Mit der /6-Baureihe waren auch die Instrumentierung, die Vorderradbremse und das Getriebe auf dem Stand der Zeit.

Die R 60/6 wurde mit einer Duplex-Trommelbremse im Vorderrad ausgeliefert.

BMW R 60/6 (R 60/7) / R 75/6 (R 75/7)

Konkurrenzmodelle: Honda CB 500/750, Kawasaki Z 750, Laverda 750 SF, Suzuki GT 750, Yamaha XS 650/750

Typ	R 60/6 (9/1973 bis 7/1976) R 60/7 (7/1976 bis 7/1980)	R 75/6 (9/1973 bis 7/1976) R 75/7 (8/1976 bis 7/1979)
Ausführungen	Tourenmotorrad	Touren- u. Sportmotorrad
Motor	»247« – 2-Zylinder-Boxer, 2 V-förmig hängende Ventile(R60: 38/34 mm; R 75: 42/38 mm), Stößelstangen, Kipphebel (OHV), längs im Rahmen, zentr. Nockenwelle mit Steuerkette, 2,2 Liter Motoröl, Eaton-Ölpumpe, Elektrostarter, Kickstarter (bis 1975)	
Bohrung x Hub (mm)	73,5 x 70,6	82 x 70,6
Hubraum (cm^3)	599	745
Verdichtungsverhältnis	9,2 : 1	9,0 : 1
Leistung (PS/kW) bei U/min	40/29,5 bei 6400	50/37 bei 6200
max. Drehmoment (Nm) bei U/min	49 bei 5000	60 bei 5000
Gemischaufbereitung	2 Bing Schiebervergaser, Ø 26 mm	2 Bing Gleichdruckvergaser, Ø 32 mm
Elektrik	Bosch Batteriezündung, Drehstrom-Lichtmaschine 12 V 280 W, Batterie 12V, 25 Ah	
Antrieb	Einscheiben-Trockenkupplung, angeblocktes 5-Ganggetriebe »247« mit Fußschaltung, Kardanwelle mit Kreuzgelenk, Kegelrad-Winkeltrieb	
Endübersetzung (Anzahl der Zähne)	3,37 /11/37) oder 3,56 (9/32)	3,20 (10/32) oder 3,36 (11/37)
Rahmen	Doppelschleifenrahmen aus ovalen Stahlrohren mit angeschraubtem Heck	
Radaufhängung vorne	Hydraulische Teleskopgabel, Ø 36 mm	
Radaufhängung hinten	Schwinge mit 2 hydraulischen Federbeinen (Vorspannung einstellbar)	
Federweg vorne / hinten (mm)	208 / 125	
Lenkkopfwinkel /Nachlauf (mm)	62° / 88	
Bremsen	Vollnabentrommeln Ø 200, vorne Duplex, hinten Simplex | vorne Scheibe, Ø 260 mm, Schwenksattel, hinten Trommel, Ø 200 mm	vorne Scheibe, Ø 260 mm, Schwenksattel, hinten Trommel, Ø 200 mm
Räder	1,85 x 19 / 2,15 x 18	
Reifen	3,25-S 19 / 4,00-S 18	
Abmessungen L x B (mm)	2180 x 740 (7/: 746)	
Radstand (mm)	1465	
Sitzhöhe (mm)	810	
Leergewicht / zul. Gesamtgew. (kg)	210 | 215 / 398	215 / 398
Kraftstofftank (l)	18 | 24	18 | 24
Verbrauch (l/100 km)	4,8 Super	4,5 Super
Höchstgeschwindigkeit (km/h)	167	177
Beschleunigung 0 – 100 km/h (sec.)	7,7	6,7
Sonstiges		
Produktionszahlen	13 511 | 11 163	17 587 | 6264
Vorgängermodell	R 60/5 | R 60/6	R 75/5 | R 75/6
Nachfolgemodell	R 60/7 | R 65	R 75/7 | R 80/7
Preise (DM)	5992 (1973) bis 6235 (1976) | 6850 (1977)	7110 (1973) – 7395 (1976) | 7985 (1976)
Serienzubehör	Elektrostarter, hydr. Lenkungsdämpfer	
Extras	Kickstarter (ab 8/1975)	

R 90 S (1973 bis 1976)

1973 hatten sich neben der Honda CB 750 bereits Maschinen vom Schlage einer Kawasaki Z 900, Ducati 750 S, Moto Guzzi V7 Sport und sogar Laverda 1000 in die Kataloge gesellt. Auch BMW wollte an seine alten S-Zeiten anknüpfen und stellte die R 90 S mit 67 PS auf die Räder. Dell'Orto-Schiebervergaser, größere Ventile und höhere Verdichtung waren für die Leistung verantwortlich. Verantwortlich für die Gesamtoptik der Maschine war erstmals der Designer Hans A. Muth – zuvor war das Aussehen der BMW-Motorräder im Wesentlichen durch die technischen Notwendigkeiten bestimmt worden. Auch dank der Cockpit-Verkleidung sollten 200 km/h erreicht werden. Um diese kinetische Energie wieder einzufangen, wurde vorne – erstmals bei einem Serienmotorrad – eine zweite Bremsscheibe montiert (ab 1974 gelocht), zur Sicherheit gab es – wiederum erstmals im Motorradbau – einen H4-Scheinwerfer dazu. Eine ineinanderfließende Zweifarblackierung (zunächst nur »Silberrauch-Metallic«), ein Voltmeter, eine Uhr und ein als kleines Gepäckfach dienender Höcker rundeten die neue S-Klasse ab – gegenüber der R 90/6 war aber auch ein Aufpreis von 1510 DM fällig; mit knapp 17 500 Einheiten verkaufte sie sich jedoch fast genauso gut wie diese.

Die R 90 S mit der Verlaufslackierung »Daytona-Orange« gab es erst ab Modelljahr 1975.

BMW R 90/6 / R 90 S

Konkurrenzmodelle: Ducati 860 GT/GTS, Honda CB 750/GL 1000, Kawasaki Z 900, Guzzi 750 S, Yamaha XS 750

Typ	R 90/6 (9/1973 bis 7/1976)	R 90 S (9/1973 bis 7/1976)
Ausführungen	Tourenmotorrad	Sportmotorrad
Motor	»247« – 2-Zylinder-Boxer, 2 V-förmig hängende Ventile (42/40 mm), Stößelstangen, Kipphebel (OHV), längs im Rahmen, zentrale Nockenwelle mit Steuerkette, 2,25 Liter Motoröl, Eaton-Ölpumpe, Luftkühlung, Elektrostarter, Kickstarter (bis 1975)	
Bohrung x Hub (mm)	90 x 70,6	
Hubraum (cm³)	898	
Verdichtungsverhältnis	9,0 : 1	9,5 : 1
Leistung (PS/kW) bei U/min	60/44 bei 6500	67/49 bei 7000
max. Drehmoment (Nm) bei U/min	73 bei 5500	76 bei 5500
Gemischaufbereitung	2 Bing Gleichdruckvergaser, Ø 32 mm	2 Dell'Orto Schiebervergaser, Ø 38 mm
Elektrik	Bosch Batteriezündung, Drehstrom-Lichtmaschine 12 V 280 W, Batterie: 25 Ah	
Antrieb	Einscheiben-Trockenkupplung, angeblocktes 5-Ganggetriebe »247« mit Fußschaltung, Kardanwelle mit Kreuzgelenk, Kegelrad-Winkeltrieb	
Endübersetzung (Anzahl der Zähne)	3,09 (11/34) oder 3,20 (10/32)	3,00 (11/33) oder 2,91 (11/32)
Rahmen	Doppelschleifenrahmen aus ovalen Stahlrohren mit angeschraubtem Heck	
Radaufhängung vorne	Hydraulische Teleskopgabel, Ø 36 mm	
Radaufhängung hinten	Schwinge mit 2 hydraulischen Federbeinen (Vorspannung einstellbar)	
Federweg vorne / hinten (mm)	208 / 125	
Lenkkopfwinkel /Nachlauf (mm)	62° / 88	
Bremsen	vorne Scheibe, Ø 260 mm (ab 9/1974 gelocht) mit Schwenksattel, hinten Simplex-Trommel, Ø 200 mm	vorne 2 Scheiben, Ø 260 mm (ab 9/1974 gelocht) mit Schwenksätteln, hinten Simplex-Trommel, Ø 200 mm
Räder	1,85 x 19 / 2,15 x 18	
Reifen	3,25-H 19 / 4,00-H 18	
Abmessungen L x B (mm)	2180 x 740	
Radstand (mm)	1465	
Sitzhöhe (mm)	810	
Leergewicht / zul. Gesamtgew. (kg)	215 / 398	220 / 398
Kraftstofftank (l)	18	24
Verbrauch (l/100 km)	5,0 Super	5,0 Super
Höchstgeschwindigkeit (km/h)	188	200
Beschleunigung 0 – 100 km/h (sec.)	5,2	4,8
Sonstiges		
Produktionszahlen	21 097	17 465
Vorgängermodell	–	–
Nachfolgemodell	R 100/7	R 100 S
Preise (DM)	7620 (1973) bis 7925 (1976)	9130 (1973) – 9510 (1976)
Serienzubehör	Hydraulischer Lenkungsdämpfer	Cockpitverkleidung, verlaufender Zweifarb-Metalliclack, hydraulischer Lenkungsdämpfer, Voltmeter, Uhr
Extras	Kickstarter (ab 8/1975)	Kickstarter (ab 8/1975)

R 100/7, R 75/7, R 60/7 (1976 bis 1978)

Die »Strich-Sieben«-Reihe unterschied sich hauptsächlich durch die neuen kantig-glatten Ventildeckel und die neue Tankform mit versenktem Deckel von den Vorgängern. Die R 60/7 hatte vorne eine Scheibenbremse erhalten und wurde fast nur noch an Behörden verkauft. Die R 75/7 wurde bereits 1977 durch die R 80/7 ersetzt. Den 900er-Motor hatte man um weitere 4 mm aufgebohrt, und das nun 980 cm³ große Aggregat in die R 100/7 verpflanzt. (Der Hub war immer noch der gleiche wie bei der alten R 50/5!) Die Leistung der R 100 hatte sich gegenüber der R 90/6 nicht verändert. (Technische Daten: S. 74 u. 80)

BMWs letzter 750 cm³-Boxer: R 75/7.

Das neue Hubraum-Flaggschiff: R 100/7 trug die neuen Ventildeckel, die das Ventilklappern minimieren sollten.

Ab der »Strich-Sieben« erhielt auch die 600er eine Vorderrad-Scheibenbremse.

R 100 S (1976 bis 1980), R 100 CS (1980 bis 1984)

Ende 1976 wurde die R 90 S von der R 100 S abgelöst, die jedoch statt 67 nur noch 65 PS aufwies. Nicht einmal das Drehmoment hatte sich verbessert. Ein Grund für die Leistungsrücknahme wurde darin vermutet, dass die R 90 S (u. a. wegen der lenkerfesten Verkleidung) bei hohem Tempo zum Pendeln neigte, das man so unterbinden wollte. An den statt der Dell'Ortos verwendeten Bing-Gleichdruckvergasern konnte es nicht liegen, denn schließlich hatte die gleichzeitig vorgestellte R 100 RS 70 PS aufzuweisen. 1978 wurde die S jedoch motormäßig überarbeitet, sodass mit größeren Einlassventilen und einer geänderten Nockenwelle ebenfalls 70 PS erzeugt wurden und die Höchstgeschwindigkeit erneut auf 200 km/h anstieg. Gleichzeitig wurden Leichtmetall-Gussräder eingeführt, die den Einsatz einer hinteren Scheibenbremse ermöglichten. In drei Jahren bis Sommer 1980 wurde die neue S keine 12 000-mal nachgefragt. Ab dann hieß die Maschine R 100 CS und sollte mit nostalgischen Elementen Traditionssportler ansprechen. Die anfangs eingesetzten Speichenräder wurden jedoch wegen Bruchgefahr per Rückruf gegen Gussräder ausgetauscht. Lediglich knapp über 4000 CS-Modelle verließen das Werk.

R 100 S (1976 BIS 1980), R 100 CS (1980 BIS 1984)

Größer ist nicht immer mehr: Die R 100 S war anfangs langsamer als die R 90 S.

R 100 CS der ersten Serie: Die Speichenräder wurden in einer Rückrufaktion gegen Gussräder ausgetauscht.

BMW R 100/7 (R 100 T / R 100) / R 100 S (R 100 CS)

Konkurrenzmodelle: Ducati 900 GTS/SS, Honda CB 750/GL 1000, Kawasaki Z 1000, Guzzi 750 S/850 T, Yamaha XS 750/850

Typ	R 100/7 (8/1976 bis 7/1978) | R 100 T (7/1978 – 7/1980) | R 100 (8/1980 – 11/1984)	R 100 S (8/1976 bis 7/1980) R 100 CS (8/1980 bis 10/1984)
Ausführungen	Tourenmotorrad	Sportmotorrad
Motor	»247/7« – 2-Zylinder-Boxer, 2 V-förmig hängende Ventile (42 [ab 1978: 44]/40 mm), Stößelstangen, Kipphebel (OHV), längs im Rahmen, zentrale Nockenwelle mit Steuerkette, 2,25 Liter Motoröl, Eaton-Ölpumpe, Luftkühlung, Elektrostarter	
Bohrung x Hub (mm)	94 x 70,6	
Hubraum (cm³)	980	
Verdichtungsverhältnis	9,0 | 9,5 | 8,2 : 1	9,5 : 1
Leistung (PS/kW) bei U/min	60/44 bei 6500 | 65/48 bei 6600 | 67/49 bei 7000	65/48 bei 6600 (ab 1978: 70/51,5 bei 7250)
max. Drehmoment (Nm) bei U/min	73,5 bei 4500 | 76 bei 5500 | 52 bei 5500	75 bei 5500 (ab 1978: 76 bei 5500)
Gemischaufbereitung	2 Bing Gleichdruckverg. 32 | 40 | 40 mm	2 Bing Gleichdruckvergaser, Ø 40 mm
Elektrik	Bosch Batteriezündung, Drehstrom-Lichtmaschine 12 V 280 W, Batterie 12V, 25 Ah	
Antrieb	Einscheiben-Trockenkupplung, angeblocktes 5-Ganggetriebe mit Fußschaltung, Kardanwelle mit Kreuzgelenk, Kegelrad-Winkeltrieb	
Endübersetzung (Anzahl der Zähne)	3,09 (11/34) oder 3,20 (10/32) | 3,00 (11/33) oder 2,91 (11/32) | dito	3,09 (11/32) oder 3,00 (11/33) / 2,91 (11/32) oder 3,00 (11/33)
Rahmen	Doppelschleifenrahmen aus ovalen Stahlrohren mit angeschraubtem Heck	
Radaufhängung vorne	Hydraulische Teleskopgabel, Ø 36 mm	
Radaufhängung hinten	Schwinge mit 2 hydraulischen Federbeinen (Vorspannung einstellbar)	
Federweg vorne / hinten (mm)	208 / 125	
Lenkkopfwinkel / Nachlauf (mm)	62° / 88	
Bremsen	vorne Scheibe, Ø 260 mm (ab 1977: 2 Scheiben), Schwenksattel (ab 1980 Festsättel), hinten Simplex-Trommel, Ø 200 mm	vorne 2 Scheiben, Ø 260 mm, Schwenksättel (CS: Festsättel), hinten Simplex-Trommel, Ø 200 mm, ab 1977: hinten Scheibe, Ø 260 mm, Festsattel
Räder	1,85 x 19 / 2,15 x 18 (ab 1979: 2,50 x 18)	
Reifen	3,25-H 19 / 4,00-H 18	
Abmessungen L x B (mm)	2180 x 746	
Radstand (mm)	1465	
Sitzhöhe (mm)	810	
Leergewicht / zul. Gesamtgew. (kg)	215 / 398 | 215 / 398 | 225 / 440	220 / 398 | 220 / 440
Kraftstofftank (l)	24	
Verbrauch (l/100 km)	5,5 Super	5,3 Super
Höchstgeschwindigkeit (km/h)	188 | 190 | 190	200
Beschleunigung 0 – 100 km/h (sec.)	5,1 | 4,7 | 5,0	4,6 | 4,4
Sonstiges		
Produktionszahlen	12 056 | 5643 | 10 111	11 762 | 4038
Vorgängermodell	R 90/6	R 90 S
Nachfolgemodell	K 100	R 1100 S (1998)
Preise (DM)	8590 (1976) | 9290 (1978) | 10 160 (1980)	10 190 (1976) | 11 260 (1980)
Serienzubehör	ab 1978: Gussräder	ab 1978: Gussräder, Cockpitverkleidung, Zweifarblackierung
Extras	Kickstarter	Kickstarter, Voltmeter, Uhr

R 100 RS (1976 bis 1984, 1986 bis 1992)

Die Hauptattraktion des BMW-Stands der 1976er-IFMA war die vollverkleidete R 100 RS. Standen die beiden Buchstaben früher für Rennsport, so hatte der Designer Hans A. Muth dafür gesorgt, dass es für Reise-Sport stand – bei Spöttern hieß sie bald Regatta-Segler. Diese erstmals im Großserienbau verwendete rahmenfeste Vollverkleidung war so konzipiert worden, dass sie den Fahrer vor Wind und Regen schützte, bei hohem Tempo die Front belastete und zudem auch noch den cw-Wert verbesserte, sodass die RS die schnellste BMW mit aufrecht sitzendem Fahrer war. Die durch die Verkleidung geführte Gabel saß in flexiblen Gummimanschetten, damit auch hier kein Wasser oder Schmutz eindringen konnte. Ihr Design war zudem so zeitlos, dass die letzte R 100 RS erst 1992 vom Fließband rollte. Ende 1978 kamen wie bei allen Maschinen Gussräder und eine hintere Scheibenbremse zum Einsatz. In den Zylindern ersetzte ab Modelljahr 1981 eine hauchdünne Nikasilschicht die alten Stahlbuchsen, was dem Geräuschpegel, dem Gewicht, dem Ölverbrauch, der Kühlung und dem Verschleiß zugute kam. Eine größere Ölwanne senkte die Öltemperatur, und ein geänderter Luftfilter verbesserte nicht nur den Zugang, sondern verringerte auch das Ansauggeräusch – sein schwarzer Plastikkasten war dafür nicht mehr in den Motor-»Koffer« integriert. Weil man bei der Einführung der K-Reihe die großen Boxermaschinen eigentlich aus dem Programm nehmen wollte, gab es zwei Jahre lang keine R 100 RS, doch 1986 kam sie aufgrund der großen Nachfrage in überarbeiteter Form mit Einarmschwinge, hinterer Trommelbremse und nur noch 60 PS erneut für sieben Jahre auf den Markt – mit nur 6000 Einheiten verkaufte sie sich allerdings nicht besonders gut.

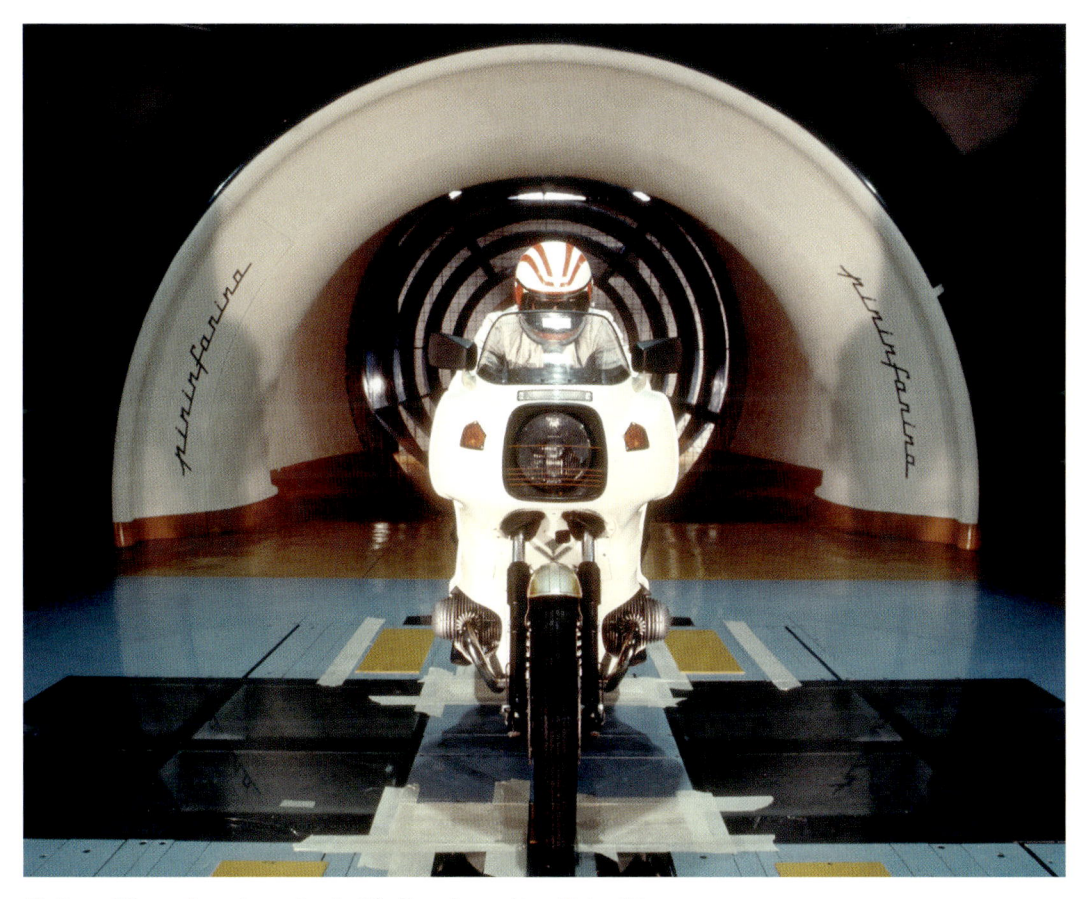

Die R 100 RS war eines der ersten im Windkanal erprobten Motorräder.

BMW R 100 RS / R 100 RT

Konkurrenzmodelle: Honda GL 1000/1200, VF 1000, Kawasaki Z/GTR 1000, Guzzi T3/1000 SP, Yamaha XS 1100/FJ 1200

Typ	R 100 RS (8/1976 – 10/1984, 1986 – 1992)	R 100 RT (9/1978 – 10/1984, 1987 – 1996)
Ausführungen	Sport-Tourer	Reisemotorrad
Motor	»247/7« – 2-Zylinder-Boxer, 2 V-förmig hängende Ventile (44/40 mm), Stößelstangen, Kipphebel (OHV), längs im Rahmen verschraubt, zentrale Nockenwelle mit Steuerkette, 2,5 Liter Motoröl, Eaton-Ölpumpe, Luftkühlung, Elektrostarter	
Bohrung x Hub (mm)	94 x 70,6	
Hubraum (cm³)	980	
Verdichtungsverhältnis	9,5 (ab 1986: 8,45) : 1	
Leistung (PS/kW) bei U/min	70/51,5 bei 7250, ab 1986: 60/44 bei 6500	
max. Drehmoment (Nm) bei U/min	76 bei 5500, ab 1986: 74 bei 3500	
Gemischaufbereitung	2 Bing Gleichdruckvergaser, ⌀ 40 (ab 1986: 32) mm	
Elektrik	Bosch Transistor-Spulenzündung, Drehstrom-Lichtmaschine 12 V 280 W, Batterie: 25 Ah, ab 1986: 30 Ah	
Antrieb	Einscheiben-Trockenkupplung, angeblocktes 5-Ganggetriebe mit Fußschaltung, Kardanwelle mit Kreuzgelenk, Kegelrad-Winkeltrieb	
Endübersetzung (Anzahl der Zähne)	3,00 (11/33) oder 2,91 (11/32)	
Rahmen	Doppelschleifenrahmen aus ovalen Stahlrohren mit angeschraubtem Heck	
Radaufhängung vorne	Hydraulische Teleskopgabel, ⌀ 36 mm	
Radaufhängung hinten	Schwinge mit 2 hydraulischen Federbeinen (Vorspannung einstellbar), ab 1986: Monoschwinge mit hydraulischem Federbein	
Federweg vorne / hinten (mm)	208 / 125, ab 1986: 175 / 121	
Lenkkopfwinkel / Nachlauf (mm)	62° / 88, ab 1986: 120	
Bremsen	vorne 2 Scheiben, ⌀ 260 mm mit Schwenksätteln (ab 1980: Festsättel), ab 1986: 285 mm, Festsattel, hinten Scheibe, ⌀ 260 mm, Festsattel, ab 1986: Trommel, ⌀ 200 mm	
Räder	1,85 x 19 / 2,15 x 18 (Gussrad: 2,75 x 18)	
Reifen	3,25-H 19 / 4,00-H 18, ab 1986: 90/90-H 18 / 120/90-H 18	
Abmessungen L x B (mm)	2180 (ab 1986: 2175) x 800	2180 (ab 1986: 2175) x 960
Radstand (mm)	1465, ab 1986: 1447	
Sitzhöhe (mm)	810	
Leergewicht / zul. Gesamtgew. (kg)	230 / 398 (ab 1986: 440)	240 / 398 (ab 1986: 440)
Kraftstofftank (l)	24 (ab 1986: 22)	
Verbrauch (l/100 km)	5,3 Super, ab 1986: 5,9 Normal	5,8 Super, ab 1986: 6,5 Normal
Höchstgeschwindigkeit (km/h)	186	185
Beschleunigung 0 – 100 km/h (sec.)	4,6, ab 1986: 5,4	5,0, ab 1986: 5,6
Sonstiges		
Produktionszahlen	33 648 (bis 1980) + 6081 (bis 1992)	19 870 (bis 1980) + 9738 (bis 1996)
Vorgängermodell	–	–
Nachfolgemodell	K 100 RS / R 1100 RS	K 100 RT / R 1100 RT
Preise (DM)	11 210 (1976), 13 450 (1980), 15 700 (1986)	11 480 (1978), 16 150 (1987), 19 859 (1996)
Serienzubehör	ab 1978: Gussräder, Vollverkleidung, Voltmeter, Uhr	Gussräder, Vollverkl., Koffer, Uhr, Voltmeter, Nivomat-Stoßdämpf. (ab 1981)
Extras	Kickstarter	Kickstarter, Zusatz-Klappscheinwerfer

Das erste vollverkleidete Serienmotorrad der Welt: R 100 RS.

R 80/7 (1977 bis 1980), R 80 (1984 bis 1992)

Die einzige Neuheit für das Jahr 1977 war die R 80/7, mit der die R 75/7 abgelöst werden sollte. Den dank 2,8 mm mehr Bohrung um 47 cm³ vergrößerten Hubraum glich man mit verringerter Verdichtung wieder aus, um weiterhin 50 PS zu erzeugen, dies sogar erst bei 7200 statt 6250 U/min. Auf Wunsch gab es eine Ausführung mit höherer Verdichtung, die versicherungsungünstige 55 PS leistete. Die R 80/7 wurde 1980

Die R 80/7 war die erste 800er im BMW-Programm.

eingestellt und erst im September 1984 von der R 80 mit Einarmschwinge abgelöst (zwei Jahre zuvor war parallel die R 80 ST erschienen, die allerdings 1984 wieder eingestellt wurde). Die schlichte R 80 blieb bis 1992 im Programm.

Die klassisch gestaltete R 80 löste die glücklose R 80 ST ab und trat das Erbe der R 80/7 an.

BMW R 80/7 / R 80 RT / R 80

Konk.-modelle: Honda CB 750/NTV 650, Kawasaki Z/GT 750, Moto Guzzi 850 T3/T5, Suzuki GS 750/850G, Yamaha XS750/XJ 900

Typ	R 80/7 (7/1977 bis 7/1980)	R 80 RT (9/1980 bis 1995)	R 80 (1984 bis 1992)
Ausführungen	Tourenmotorrad	Reisemotorrad	Tourenmotorrad
Motor	»247« – 2-Zylinder-Boxer, 2 V-förmig hängende Ventile (42/38 mm), Stößelstangen, Kipphebel (OHV), längs im Rahmen verschraubt, zentrale Nockenwelle mit Steuerkette, 2,5 Liter Motoröl, Eaton-Ölpumpe, Luftkühlung, Elektrostarter		
Bohrung x Hub (mm)	84,8 x 70,6		
Hubraum (cm³)	798		
Verdichtungsverhältnis	8,2 oder 9,2 : 1	8,2 : 1	
Leistung (PS/kW) bei U/min	50/37 bei 7250 oder 55/40,5 bei 7000	50/37 bei 6500	
max. Drehmoment (Nm) bei U/min	58 bei 5500 oder 64 bei 5500	58 bei 4000	
Gemischaufbereitung	2 Bing Gleichdruckvergaser, Ø 32 mm		
Elektrik	Bosch Batteriezündung, Drehstrom-Lichtmaschine 12 V 180 W, Batterie: 25 Ah		
Antrieb	Einscheiben-Trockenkupplung, angeblocktes 5-Ganggetriebe mit Fußschaltung, Kardanwelle mit Kreuzgelenk, Kegelrad-Winkeltrieb		
Endübersetzung (Anzahl der Zähne)	3,2 (10/32) oder 3,36 (11/37)	3,36 (11/37) oder 3,2 (10/32)	3,2 (10/32)
Rahmen	Doppelschleifenrahmen aus ovalen Stahlrohren mit angeschraubtem Heck		
Radaufhängung vorne	Hydraulische Teleskopgabel, Ø 36 mm		
Radaufhängung hinten	Schwinge mit 2 hydraulischen Federbeinen (Vorspannung einstellbar), ab 1984: Monoschwinge mit hydraulischem Federbein (Vorspannung einstellbar)		
Federweg vorne / hinten (mm)	208 / 125		
Lenkkopfwinkel / Nachlauf (mm)	62° / 88		
Bremsen	vorne Scheibe, Ø 260 mm mit Schwenksätteln (ab 1980: Festsättel), ab 1986: 2 Scheiben, Ø 285 mm, Festsättel, hinten Trommel, Ø 200 mm		
Räder vorne / hinten	1,85 x 19 / 2,15 x 18, ab 1984: 1,85 x 18 / 2,50 x 18		
Reifen vorne / hinten	3,25-S 19 / 4,00-S 18, ab 1984: 90/90-H 18 / 120/90-H 18		
Abmessungen L x B (mm)	2180 x 746	2220 (ab 1984: 2175) x 930	2175 x 746
Radstand (mm)	1465 (ab 1984: 1447)		
Sitzhöhe (mm)	810		
Leergewicht / zul. Gesamtgew. (kg)	215 / 398	235 (ab 1984: 227) / 440	215 / 440
Kraftstofftank (l)	22 (ab 1984: 22)		
Verbrauch (l/100 km)	5 Normal (55 PS: Super)	6,0 Normal	5,9 Normal
Höchstgeschwindigkeit (km/h)	170 (55 PS: 180)	163	181
Beschleunigung 0 – 100 km/h (sec.)	6,4 (55 PS: 5,9)	5,9	5,4
Sonstiges			
Produktionszahlen	18 522	7 316 (bis 11/1984) 22 069 (bis 1995)	13 815
Vorgängermodell	R 75/7	–	R 80/7
Nachfolgemodell	–	–	R 80 R
Preise (DM)	7990 (1977) – 8580 (1979)	10 990 (1980), 12 690 (1984), 16 995 (1995)	10 440 (1984) – 13 350 (1992)
Serienzubehör		Vollverkleidung	
Extras	Koffer	Koffer	Koffer

R 45 (1978 bis 1985)

Weil die R 50/5 bereits 1973 aus dem Programm genommen worden war, die R 60/7 sich nur schleppend verkaufte und zudem in Deutschland die Versicherungsklassen auf Leistung umgestellt wurden, sollte das Angebot nach unten abgerundet und in der populären 27 PS-Klasse ein Standbein geschaffen werden. Offen leistete der Motor 35 PS. Die intern Baureihe 248 genannte kleine Reihe, die neben der R 45 (die in Wirklichkeit 473 cm³ Hubraum hatte) auch die R 65 umfasste, sollte eine neue Kurbelwelle mit nur 61,5 mm Hub (statt 70,6) erhalten und der Motor dank kürzerer Pleuel 5,6 cm schmaler ausfallen. Der Rahmen wurde statt aus ovalen nun aus preiswerteren Rundrohren hergestellt. Zwar war die R 45 im ersten Jahr in Deutschland das meistverkaufte Motorrad, doch weil die Maschine im Vergleich zur japanischen Konkurrenz schwer, behäbig und teuer war, erreichten die Verkaufszahlen in der achtjährigen Produktionszeit insgesamt nicht die Erwartungen.

Auch BMWs Kleinste war ein ausgewachsenes Motorrad.

R 65 (1978 bis 1993), R 65 LS (1981 bis 1985)

Parallel zur R 45 wurde der neue Kurzhubmotor auch in einer 650er-Version angeboten, die 45 PS Leistung mobilisierte. Bis auf die größeren Kolben, eine geänderte Nockenwelle und größere Ventile und Kanäle

Die R 65 der ersten Serie als Schnittzeichnung.

Das Design des kleinen Sport-Boxers R 65 LS traf beim Publikum auf geteilte Meinungen.

waren beide Versionen identisch und konnten nur am Typenschriftzug unterschieden werden. Die R 65 verkaufte sich anfangs schlechter als die R 45, doch nachdem sie 1980 mit um zwei Millimeter vergrößerten Ventilen auf 50 PS gebracht wurde, zog sie ihrer kleinen Schwester davon. Ab 1981 wurden beide Modelle mit Nikasil-Zylindern, einer kontaktlosen Zündung, größerer Ölwanne, leichterer Kupplung und geändertem Heckbürzel verfeinert. Gleichzeitig erschien die Sportversion R 65 LS mit der markanten keilförmigen Cockpitverkleidung. Obwohl auch die Sitzbank, die Instrumente und die Auspuffanlage geändert wurden, war das Design nicht so konsequent wie das der ein Jahr zuvor erschienenen Suzuki Katana, die ebenfalls von Hans A. Muth gestaltet worden war. Bei den traditionellen BMW-Kunden fiel die LS durch.

1985 verschwand die R 45 aus dem Programm, sodass nur noch die R 65 im neuen Fahrwerk mit Einarmschwinge weitergeführt wurde – allerdings im Schatten der gleich starken R 80. Bei knapp über 8000 Maschinen in neun Jahren wurde es 1993 dringend nötig, dass sie als Einsteiger-BMW von der F 650 abgelöst wurde.

Die zweite Serie der R 65 fristete trotz zahlreicher Verbesserungen ein bescheidenes Dasein.

BMW R 45 / R 65 (LS)

Konkurrenzmodelle: Honda CX 500/650, NTV 650, Kawasaki Z 650, Guzzi V50/65, Suzuki GS 550, Yamaha XS 500/650

Typ	R 45 (3/1978 bis 7/1985)	R 65 (3/1978 bis 1993) / R 65 LS (5/1981 bis 4/1985)
Ausführungen	Tourenmotorrad	Tourenmotorrad / Sport-Tourer
Motor	»248« – 2-Zylinder-Boxer, 2 V-förmig hängende Ventile (R45: 34/32mm; R65: 38/34, ab 1980: 40/36 mm), Stößelstangen, Kipphebel (OHV), längs im Rahmen, zentrale Nockenwelle mit Steuerkette, 2,25 Liter Öl, Eaton-Ölpumpe, Luftkühlung, Elektrostarter	
Bohrung x Hub (mm)	70 x 61,5	82 x 61,5
Hubraum (cm³)	473	650
Verdichtungsverhältnis	8,2 oder 9,2 : 1	9,2 : 1, ab 1985: 8,7 oder 8,4 : 1
Leistung (PS/kW) bei U/min	35/26 bei 7250 oder 27/20 bei 6500	45/33 (ab 1980: 50) bei 7250, ab 1985: 48/35 bei 7250 oder 27/20 bei 5500
max. Drehmoment (Nm) bei U/min	32 bei 5000 oder 38 bei 5500	50 bei 5500, ab 1980: 52 bei 6500, ab 1985: 47 oder 45 bei 3500
Gemischaufbereitung	2 Bing Gleichdruckvergaser, Ø 26 mm	2 Bing CV, Ø 32 (27 PS: 26) mm
Elektrik	Transistor-Spulenzündung, Drehstrom-Lichtmaschine 12 V 280 W, Batterie: 16 Ah, ab 1985: 20 Ah	
Antrieb	Einscheiben-Trockenkupplung, angeblocktes 5-Ganggetriebe mit Fußschaltung, Kardanwelle mit Kreuzgelenk, Kegelrad-Winkeltrieb	
Endübersetzung (Anzahl der Zähne)	4,25 (8/34) oder 3,89 (9/35)	3,44 (9/31)
Rahmen	Doppelschleifenrahmen aus Rundstahlrohren mit angeschraubtem Heck	
Radaufhängung vorne	Hydraulische Teleskopgabel, Ø 36 mm	
Radaufhängung hinten	Schwinge mit 2 hydraulischen Federbeinen (Vorspannung einstellbar), ab 1985: Monoschwinge mit hydraulischem Federbein (Vorspannung einstellbar)	
Federweg vorne / hinten (mm)	175 / 110, ab 1986: 175 / 121	
Lenkkopfwinkel /Nachlauf (mm)	63° / 96, ab 1985: 62°/120	
Bremsen	vorne Scheibe, Ø 260 mm mit Festsattel, ab 1986: 285 mm, Festsattel, hinten Trommel, Ø 200 mm	
Räder	Gussräder 1,85 x 18 / 2,50 x 18	
Reifen	3,25-S 18 / 4,00-S 18, ab 1985: 90/90-H 18 / 120/90-H 18	
Abmessungen L x B (mm)	2110 (ab 1986: 2175) x 688	
Radstand (mm)	1390, ab 1980: 1400, ab 1985: 1447	
Sitzhöhe (mm)	770, ab 1980: 750, ab 1985: 807	
Leergewicht / zul. Gesamtgew. (kg)	205 (LS: 208) / 398 (ab 1985: 440)	
Kraftstofftank (l)	22	
Verbrauch (l/100 km)	4,5 Super oder 5,0 Normal	4,5 Super, ab 1985: 5,5 Normal
Höchstgeschwindigkeit (km/h)	160 oder 145	175, ab 1985: 173 oder 155
Beschleunigung 0 – 100 km/h (sec.)	8,5 oder 7,4	5,8, ab 1986: 6,8 oder 8,6
Sonstiges		
Produktionszahlen	35 PS: 11970; 27 PS: 15 278	R65: 28 835 (bis 1985), LS: 6398, R 65 ab 1985: 8260
Vorgängermodell	–	R 60/7
Nachfolgemodell	R 65	F 650
Preise (DM)	5880 (1978) bis 6940 (1981)	6980 (1978), 7860 (1981), 8980 (1985), 13 350 (1992); LS: 8990 (1981)
Serienzubehör		LS: Cockpitverkleidung
Extras	Kickstarter	Kickstarter

R 100 T (1978 bis 1980), R 100 (1980 bis 1984)

Im Sommer 1978 wurde die R 100/7 durch die R 100 T abgelöst, das T stand für Touring, und entsprechend konnte die an sich nackte Maschine auch mit Windschild und Koffern geordert werden. Äußerlich unterschied sich die T durch den von der S übernommenen Heckbürzel, die Gussräder und die vordere Doppelscheibenbremse vom Vorgängermodell. Den Motor hatte man durch höhere Verdichtung auf 65 PS gebracht. Ab 1980 hieß die nackte Tausender (mit zwei zusätzlichen PS) nur noch R 100 und konnte jetzt auch mit sich selbstständig an die Beladung anpassenden Nivomat-Federbeinen ausgestattet werden, die jedoch gelegentlich zu Undichtigkeiten neigten. (Technische Daten: S. 80)

Nackt im Wind: Touring ging 1978 noch ohne Verkleidung – diese R 100 T trägt als einziges Extra Sturzbügel.

Die R 100 (hier in der Ausführung von 1983) konnte ab Werk mit Windschutzscheibe bestellt werden.

R 100 RT (1978 bis 1984, 1987 bis 1996)

Ein Jahr nach der »Reise-Sport« erschien die technisch identische »Reise-Touring« mit weit ausladender Verkleidung, Koffern und (ab 1981) Nivomat-Federbeinen ab Werk. Die Maschine sprach sowohl Fernreisende wie auch Polizeibehörden verschiedener Länder an, die nun nicht mehr auf Zubehör-Verkleidungen zurück-

Die R 100 RT (hier die erste Serie) bot bequemes Reisen trotz Wind und Wetter.

1987 begann die R 100 RT ihre zweite, fast zehn Jahre währende Karriere – hier das Modell »Classic« von 1994.

greifen mussten. Der dank eines höheren Lenkers aufrecht sitzenden Fahrer war nun so gut wettergeschützt, dass im Sommer selbst die eingebauten Luftdüsen nicht für ausreichende Abkühlung sorgten; gegen Aufpreis konnten die unter den Blinkern sitzenden Luftschächte sogar noch durch klappbare Zusatzscheinwerfer ersetzt werden. Wie alle 1000er-Boxer musste die Maschine nach der Einführung der K 100 eine Zwangspause einlegen, die hier – weil auch die K 100 RT erst ein Jahr nach der Basisversion erschien – bis 1987 dauerte. Dafür durfte sie auch bis 1996 im Programm bleiben. (Technische Daten: S. 82)

R 80 RT (1980 bis 1995)

Vier Jahre nach der R 100 RT erschien für Reisende, die auch mit 50 PS und 160 km/h Höchstgeschwindigkeit zufrieden waren, die R 80 RT, denn mit der Einführung der K-Reihe sollten die 1000er-Boxer aus dem Programm fallen. Nach zwei Jahren kam die mit der GS-Reihe eingeführte Einarmschwinge, und dem Motor wurde mehr Drehmoment anerzogen. Nachdem die R 100 RT zurückkehrte, verzichteten viele Kunden auf zehn PS, eine Uhr, ein Voltmeter, eine zweite Bremsscheibe, Kofferträger samt Koffern, Sturzbügel und einen Ölkühler, und gaben die gesparten 2400 DM (1988) lieber für Benzin aus. Manche kauften sich allerdings auch eine zweite Scheibenbremse für das Vorderrad, um ihre voll beladene Maschine deutlich besser zum Stehen bringen zu können. Erst 1995 wurden die letzten Maschinen ausgeliefert. (Technische Daten: S. 85)

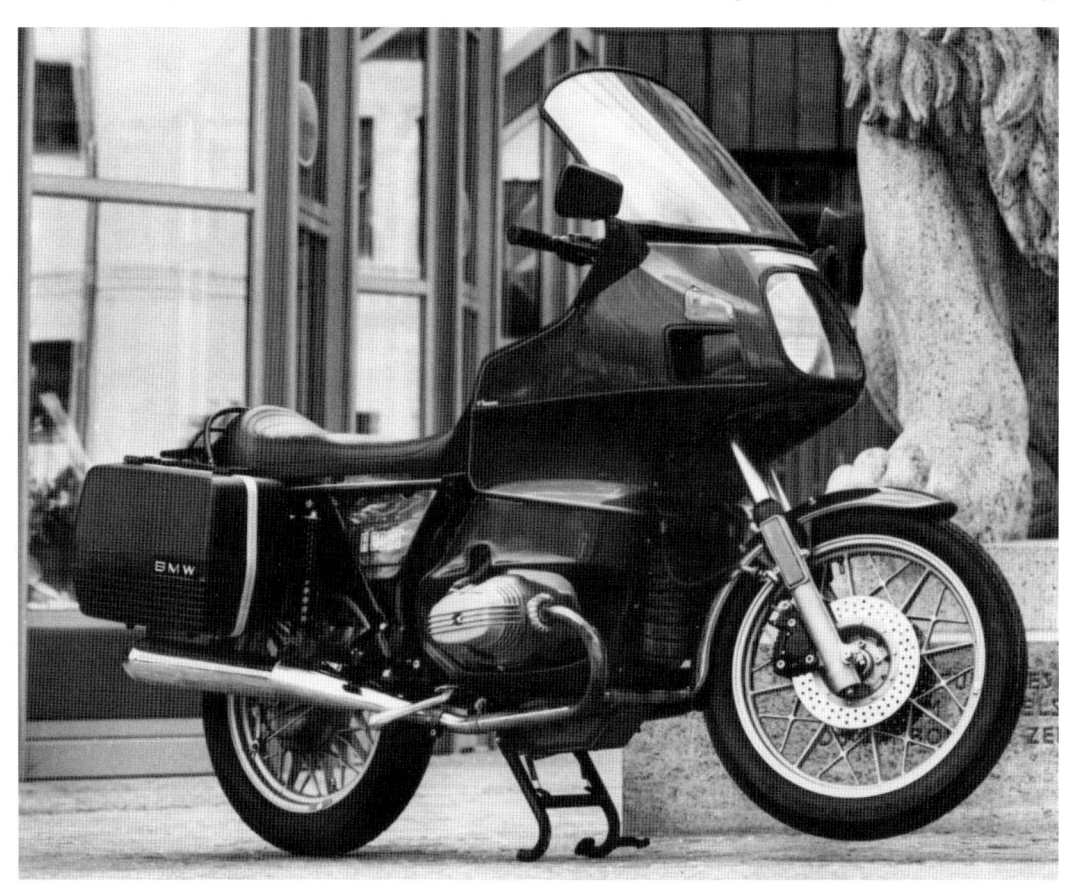

Eine Doppelscheibenbremse und Koffer musste der Kunde extra ordern, um seine R 80 RT wie auf dem Werbefoto aussehen zu lassen.

R 80 G/S (1980 bis 1987)

Bis 1980 hatten große Enduros einen 500er-Einzylindermotor und wogen maximal 150 kg (durch halbhoch verlegte Auspuffanlagen zu »Scramblern« modifizierte englische Twins der 1960er-Jahre einmal ausgenommen). Doch dann stellte BMW ein hochbeiniges Motorrad auf Stollenreifen, das die Bezeichnung G/S für »Gelände/Straße« trug, und nach anfänglichem Rätseln, was man mit einem solchen ohne Anlasser 186 kg schweren Klotz anfangen solle, verkaufte es sich wie warme Semmeln. Anfängliche Kritik am für den Geländeeinsatz hinderlichen Boxermotor oder der erstmalig eingesetzten Einarmschwinge verebbte schnell, und die Kunden erkannten, dass die R 80 G/S eine ideale Reisemaschine war. Weil BMW wieder an seine frühen Erfolge im Geländesport anknüpfte und 1981 die Rallye Paris–Dakar gewann, wurde drei Jahre darauf ein entsprechendes Sondermodell mit größerem Tank (32 statt 19,5 Liter) und Einzelsitz lanciert. Ab 1982 wurde der elektrische Anlasser samt einer größeren Batterie serienmäßig eingebaut – nicht nur, weil das Antreten Feingefühl und Übung erforderte, sondern auch, weil der Kickstarter-Mechanismus seit den Strich-Fünf-Zeiten gar nicht für den Dauereinsatz ausgelegt war.

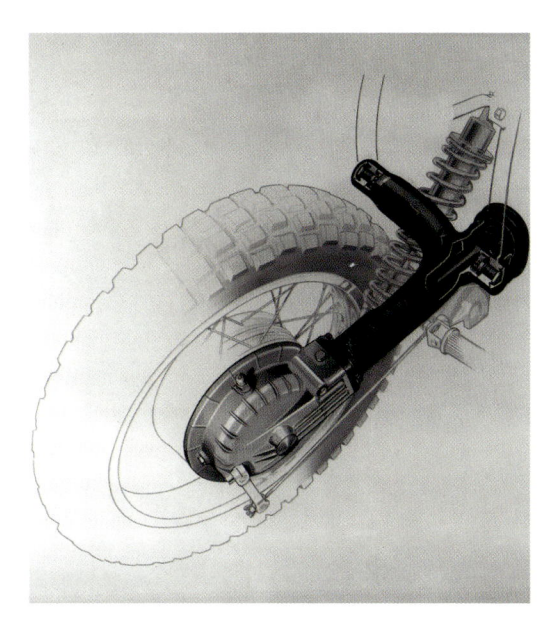

Simple Technik: Ein stabiles Rohr und ein ausreichend dimensionierter Stoßdämpfer reichten bei der G/S und der ST für die Hinterradführung aus.

Damals schwer, heute ein Fliegengewicht: Die R 80 G/S polarisierte die Geländesportler.

R 80 ST (1982 bis 1984)

Yamaha hatte nach der erfolgreichen XT 500 die ebenso beliebte SR 500 herausgebracht, also stellte BMW seiner R 80 G/S ebenfalls eine Straßenversion namens R 80 ST zur Seite. Am hoch verlegten Auspuff war ihre Verwandtschaft deutlich zu erkennen. Mit einem 19 Zoll-Vorderrad und klassischem Scheinwerfer samt Instrumentierung war sie eine für BMW-Verhältnisse leichte und handliche Maschine, doch die Stückzahlen blieben mit knapp 6000 Stück eher gering. Nach zwei Jahren verschwand die ST wieder aus den Listen.

Der Rückbau der G/S zur Straßenmaschine R 80 ST war der Kundschaft nicht konsequent genug.

BMW R 80 G/S (Paris–Dakar) / R 80 ST

Konkurrenzmodelle: Honda XL 500/660, XLV 750, Guzzi V65 TT, Suzuki DR 600, Yamaha XT 500/600 Ténéré

Typ	R 80 G/S (1980 bis 1987) / R 80 G/S Paris–Dakar (1984 bis 1987)	R 80 ST (1982 – 1984)
Ausführungen	Reise-Enduro	Tourenmotorrad
Motor	2-Zylinder-Boxer, 2 V-förmig hängende Ventile, Stößelstangen, Kipphebel (OHV), längs im Rahmen verschraubt, zentrale Nockenwelle mit Steuerkette, 2,25 Liter Motoröl, Eaton-Ölpumpe, Luftkühlung, Kickstarter, ab 1982 auch Elektrostarter	
Bohrung x Hub (mm)	84,8 x 70,6	
Hubraum (cm³)	798	
Verdichtungsverhältnis	8,2 : 1	
Leistung (PS/kW) bei U/min	50/37 bei 6500	
max. Drehmoment (Nm) bei U/min	57 bei 5000	
Gemischaufbereitung	2 Bing Gleichdruckvergaser, Ø 32 mm	
Elektrik	Transistorzündung, Drehstrom-Lichtmaschine 12 V 280 W, Batterie 9 oder 16 Ah	
Antrieb	Einscheiben-Trockenkupplung, angeblocktes 5-Ganggetriebe mit Fußschaltung, Kardanwelle mit Kreuzgelenk, Kegelrad-Winkeltrieb	
Endübersetzung (Anzahl der Zähne)	3,36 (11/37) a.W. 3,56 (9/32), PD: 3,34 (9/30)	3,36 (11/37)
Rahmen	Doppelschleifenrahmen aus ovalen Stahlrohren mit angeschraubtem Heck	
Radaufhängung vorne	Hydraulische Teleskopgabel, Ø 36 mm	
Radaufhängung hinten	Monolever-Einarmschwinge mit hydraulischem Federbein (Vorspannung einstellbar)	
Federweg vorne / hinten (mm)	200 / 170	175 / 153
Lenkkopfwinkel /Nachlauf (mm)	62,5° / 115	62,5° / 129
Bremsen	vorne Scheibe, Ø 260 mm mit Festsattel, hinten Trommel, Ø 200 mm	
Räder	1,85 x 21 / 2,50 x 18	1,85 x 19 / 2,50 x 18
Reifen	3,00-R 21 / 4,00-R 18	100/90-H 19 / 120/90-H 18
Abmessungen L x B x H (mm)	2230 x 820 x 1150	2180 x 715 x 1150
Radstand (mm)	1447	1465
Sitzhöhe (mm)	860 (PD: 845)	845
Leergewicht / zul. Gesamtgew. (kg)	186 (196 mit Batterie) (PD: 205) / 398	198 / 398
Kraftstofftank (l)	19,5 (PD: 32)	19,5
Verbrauch (l/100 km)	6,3 Normal	6,0 Normal
Höchstgeschwindigkeit (km/h)	168	174
Beschleunigung 0 – 100 km/h (sec.)	5,6	6,0
Sonstiges		
Produktionszahlen	21334; PD: 2975	5963
Vorgängermodell	–	–
Nachfolgemodell	R 80 GS	R 80
Preise (DM)	8920 (1980) – 10 250 (1987); PD: 10 120 (1984) – 10 950 (1987)	9490 (1982) – 9990 (1984)
Serienzubehör		
Extras	Sturzbügel, Seitenst.; bis 1982: E-Starter	

R 80 GS (1987 bis 1996)

In den 1980er-Jahren war es um den Boxer etwas still geworden, weil die Entwicklungsabteilung hauptsächlich mit den K-Modellen beschäftigt war. Was weiterhin mit zwei Zylindern sehr gut lief, war die Enduro, sodass hier fleißig modifiziert wurde. Am auffälligsten war bei der neuen R 80 GS (ohne Strich dazwischen) die »Paralever« genannte Doppelgelenkschwinge, die trotz des langen Federwegs die durch den Kardanantrieb hervorgerufenen Fahrwerksreaktionen eliminierte. In den Rädern wurden die Speichen am Felgenrand eingezogen, um schlauchlose Reifen montieren und gebrochene Speichen schneller ersetzen zu können. Dem optisch an die G/S erinnernden Sondermodell »Basic« war es 1996 und 1997 vergönnt, in einer Auflage von 2995 Stück als allerletzter Zweiventil-Boxer in der Liste zu stehen.

Inzwischen hatte sich der Begriff »Reise-Enduro« etabliert. Die R 80 GS war mit zahlreichen Modifikationen eines der beliebtesten Fahrzeuge dieser Art.

Ende einer Gattung: Mit der Sonderserie »Basic« verabschiedete sich BMW 1996 endgültig vom Zweiventil-Boxer.

R 100 GS (1987 bis 1994)

Neben der R 80 GS wurde 1987 auch die R 100 GS vorgestellt, die ab Werk mit Sturzbügeln, einem darauf befestigten Ölkühler und ab 1988 mit einem Windschild ausgerüstet war. Zwar hatte sich BMW nach dem Sieg von 1985 als Werksteam von der Rallye Paris–Dakar zurückgezogen, doch hielt das die Münchner

Große Reisen erfordern große Hubräume – und eine neue Hinterradschwinge ohne Aufstellneigung – R 100 GS.

Noch größere Reisen erfordern riesige Tanks und zahlreiche Sturzbügel – R 100 GS Paris–Dakar.

Die ab 1995 angebotene R 100 GS Classic.

nicht davon ab, ab 1988 von der R 100 GS eine Paris–Dakar-Variante zu produzieren, die mit einem gewaltigen 35 Liter-Tank, einer rahmenfesten Verkleidung, Sturzbügeln und Koffern ausgerüstet war. (Die bei allen Paris–Dakar-Teilnehmern verwendeten 1970er-Jahre-Ventildeckel fanden sich hingegen nur an der ab 1995 angebotenen Paris–Dakar Classic sowie der 800er Basic.) Mit 236 kg Leergewicht (vollgetankt) war die Maschine eher eine gute Reise- als eine Geländemaschine. Über 34 000 Maschinen wurden verkauft.

R 65 GS (1987 bis 1992)

Seinen letzten Auftritt hatte der Kurzhubmotor in der kleinsten 1987 vorgestellten GS – die aus dem Schatten ihrer großen Geschwister auch kaum herauskam. Bis auf den Motor basierte die Maschine auf der R 80 G/S, wurde also ohne Paralever-Schwinge angeboten und nur mit 27 PS ausgeliefert. Mit knapp über 1700 Fahrzeugen in fünf Jahren hielt sich die Nachfrage nach der fast 10 000 Mark teuren Maschine sehr in Grenzen.

Perfektes Winterreise-Motorrad: R 65 GS.

BMW R 65 GS / R 80 GS (Basic) / R 100 GS (Paris–Dakar)

Konkurrenzmodelle: Honda XL 500/600, XLV 750, Guzzi V65 TT, Suzuki DR 600, Yamaha XT 500/600 (Ténéré)

Typ	R 65 GS (1987 bis 1992)	R 80 GS (1987 bis 1996) / R 80 GS Basic (1996)	R 100 GS (1987 bis 1994) / Paris–Dakar (1988 bis 1996)
Ausführungen	Reise-Enduro	Reise-Enduro	Reise-Enduro
Motor	2-Zylinder-Boxer, 2 V-förmig hängende Ventile, Stößelstangen, Kipphebel (OHV), längs im Rahmen verschraubt, zentrale Nockenwelle mit Steuerkette, 2,5 Liter Motoröl, Eaton-Ölpumpe, Luftkühlung, Elektrostarter		
Bohrung x Hub (mm)	82 x 61,5	84,8 x 70,6	94 x 70,6
Hubraum (cm³)	650	798	980
Verdichtungsverhältnis	8,4 : 1	8,2 : 1	8,5 : 1
Leistung (PS/kW) bei U/min	27/20 bei 5000	50/37 bei 6500	60/44 bei 6500
max. Drehmoment (Nm) bei U/min	43 bei 3500	61 bei 3750	76 bei 3750
Gemischaufbereitung	2 Bing Gleichdruckvergaser, Ø 32 mm		2 Bing CV, Ø 40 mm
Elektrik	Transistor-Spulenzündung, Drehstrom-Lichtmaschine 12 V 280 W, Batterie 25 Ah		
Antrieb	Einscheiben-Trockenkupplung, angeblocktes 5-Ganggetriebe, Fußschaltung, Kardanwelle mit 1 (R 65 GS) bzw. 2 Kreuzgelenken (R 80/100 GS), Kegelrad-Winkeltrieb		
Endübersetzung (Anzahl der Zähne)	3,34 (9/30)	3,09 (11/34) / 3,20 (10/32)	3,2 (10/32)
Rahmen	Doppelschleifenrahmen aus ovalen Stahlrohren mit angeschraubtem Heck		
Radaufhängung vorne	Hydraulische Teleskopgabel, Ø 36 mm		
Radaufhängung hinten	Monolever-Einarmschwinge mit hydr. Federbein	Paralever-Einarmschwinge mit hydraulischem Federbein (Vorspannung einstellbar)	
Federweg vorne / hinten (mm)	200 / 170	225 / 180	
Lenkkopfwinkel / Nachlauf (mm)	62,5° / 114	62,5 / 101	
Bremsen	vorne Scheibe, Ø 285 (R 65: 260) mm mit Festsattel, hinten Trommel, Ø 200 mm		
Räder vorne / hinten	1,85 x 21 / 2,50 x 18	1,85 x 21 / 2,50 x 17	
Reifen vorne / hinten	3,00-R 21 / 4,00-R 18	90/90-T 21 / 130/80-T 17	
Abmessungen L x B x H (mm)	2230 x 820 x 1150	2290 x 830 x 1345	
Radstand (mm)	1447	1513	
Sitzhöhe (mm)	860	850	
Leergewicht / zul. Gesamtgew. (kg)	198 / 398	210 – 215 (B: 218) / 420	210 – 220 (PD: 236) / 420
Kraftstofftank (l)	19,5	24 (B: 19,5)	24 (PD: 35)
Verbrauch (l/100 km)	5,0 Normal	4,7 Normal	4,9 Normal
Höchstgeschwindigkeit (km/h)	146	168	181
Beschleunigung 0 – 100 km/h (sec.)	9,4	6,0	4,8
Sonstiges			
Produktionszahlen	1334	10 598 / Basic: 3003	20 799 / PD: 9007
Vorgängermodell	–	R 80 G/S	–
Nachfolgemodell	F 650	R 850 GS	R 1100 GS
Preise (DM)	9450 (1987)	10 950 (1987) – 14 995 (1994), Basic: 15 500 (1996)	12 990 (1987) – 15 995 (1994) / PD: 15 190 (1988) – 17 958 (1995)
Serienzubehör	ab 1988: rahmenfeste Verkleidung, ab 1990: Sekundärluftsystem		
Extras	Koffer, Sturzbügel		

R 100 R (1991 bis 1996), R 80 R (1992 bis 1994)

Vier Jahre nach der neuen GS traute man sich bei BMW erneut, einen Straßenableger vorzustellen. Anders als bei der puristischen R 80 ST von 1984 hatte man hier einen verchromten und tief verlegten Einzelauspuff (der K 100) montiert und sogar die alten »Körbchen«-Ventildeckel wieder aus dem Regal geholt. Ein zentraler Ölkühler saß nun vor dem Motor. Das Fahrwerk stammte samt Paralever-Schwinge von der GS, doch vorne arbeitete eine 41 mm-Showa-Gabel. Die mit einem Vierkolbensattel verzögerte Einzelscheibe konnte auf Wunsch durch eine zweite ergänzt werden. So wurde die R 100 R 1992 die meistverkaufte BMW. In diesem Jahr kam die R 80 R ins Programm, mit der die R 80 ersetzt wurde – unterscheiden ließ sie sich lediglich durch den fehlenden Ölkühler. Freunden des Zweiventilboxers war spätestens 1993 klar, dass sie hier die letzte Gelegenheit hatten, ein mit diesem Motor ausgestattetes Neufahrzeug zu erwerben. Doch BMW legte 1993 noch einmal nach und stellte die Sonderausführung R 100 R »Mystic« vor, die trotz anderer Instrumente, einem flacheren Lenker, Doppelscheibenbremse, einem Heckbürzel und diversen Kleinigkeiten ohne Aufpreis angeboten wurde – 3650 Stück wurden produziert. Die R 100 R wurde 1995 mit Sturzbügeln und Kofferträgern zur »Classic«. 1996 war dann für die letzten Zweiventil-Straßenboxer Schluss.

Wo Boxer draufsteht, ist auch Boxer drin: R 80 R.

R 100 R (1991 BIS 1996), R 80 R (1992 BIS 1994)

So einfach kann man den Begriff Motorrad interpretieren: BMW R 100 R.

Vom Sondermodell der Münchener Niederlassung zur Limited Edition des letzten Zweiventil-Straßenboxers: R 100 R Mystic.

BMW R 80 R / R 100 R (Mystic)

Konkurrenzmodelle: Honda CB 750, Kawasaki Zephyr 750/1100, Guzzi 1000 S, Suzuki VX 800, Triumph Trident, Yamaha XJ 900 S

Typ	R 80 R (1992 – 1994)	R 100 R (1991 – 1996) / R 100 R Mystic (1993 bis 1/1996)
Ausführungen	Tourenmotorrad	Tourenmotorrad
Motor	2-Zylinder-Boxer, 2 V-förmig hängende Ventile, Stößelstangen, Kipphebel (OHV), längs im Rahmen verschraubt, zentrale Nockenwelle mit Steuerkette, 2,5 Liter Motoröl, Eaton-Ölpumpe, Luftkühlung, Elektrostarter	
Bohrung x Hub (mm)	84,4 x 70,6	94 x 70,6
Hubraum (cm^3)	798	980
Verdichtungsverhältnis	8,2 : 1	8,5 : 1
Leistung (PS/kW) bei U/min	50/37 bei 6500 oder 27/20 bei 5500 bzw. 1994: 34/25 bei 6000	60/44 bei 6500
max. Drehmoment (Nm) bei U/min	61 bei 3750 oder 43 (1994: 50) bei 3500	74 bei 3500
Gemischaufbereitung	2 Bing Gleichdruckvergaser, Ø 32 mm	
Elektrik	Transistor-Spulenzündung, Drehstrom-Lichtmaschine 12 V 240 W, Batterie 25 Ah	
Antrieb	Einscheiben-Trockenkupplung, angeblocktes 5-Ganggetriebe mit Fußschaltung, Kardanwelle mit 2 Kreuzgelenken, Kegelrad-Winkeltrieb	
Endübersetzung (Anzahl der Zähne)	3,20 (10/32)	3,09 (11/34)
Rahmen	Doppelschleifenrahmen aus ovalen Stahlrohren mit angeschraubtem Heck	
Radaufhängung vorne	Hydraulische Teleskopgabel, Ø 41 mm	
Radaufhängung hinten	Paralever-Einarmschwinge mit hydraulischem Federbein (Vorspannung einstellbar)	
Federweg vorne / hinten (mm)	135 / 140	
Lenkkopfwinkel /Nachlauf (mm)	61,5° / 101	
Bremsen	vorne Scheibe, Ø 285 mm mit Vierkolben-Festsattel, hinten Trommel, Ø 200 mm	
Räder	Kreuzspeichenräder 2,50 x 18 / 2,50 x 17	
Reifen	110/80-V 18 / 140/80-V 17	
Abmessungen L x B x H (mm)	2210 x 830 (Mystic: 810) x 1090	
Radstand (mm)	1513	
Sitzhöhe (mm)	830 (Mystic: 790)	
Leergewicht / zul. Gesamtgew. (kg)	218 / 420	219 (Mystic: 215) / 420
Kraftstofftank (l)	24	
Verbrauch (l/100 km)	5,0 Normal	5,2 Normal
Höchstgeschwindigkeit (km/h)	168	180
Beschleunigung 0 – 100 km/h (sec.)	6,0	4,8
Sonstiges		
Produktionszahlen	3444	16 339 / 3650
Vorgängermodell	R 80	–
Nachfolgemodell	R 850 R	R 1100 R
Preise (DM)	13 450 (1992) bis 14 409 (1994)	13 450 (1991) bis 16 159 (1996) / 15 809 (1996)
Serienzubehör	Sekundärluftsystem	Sekundärluftsystem
Extras		

R 1100 RS (1993 bis 2001)

Nach Einführung der K-Reihe hatte man bei BMW erkannt, dass es ohne Boxer-Motorräder nicht gehen würde. Gleichzeitig war man sich sicher, dass mit dem 1000er OHV-Zweiventilmotor das Ende der Fahnenstange erreicht sei. Ein Vierventilmotor mit im Kopf liegenden Nockenwellen musste her. Weil ein OHC-Motor, der die Nockenwellen über den Ventilen trägt, zu breit geworden wäre, wurden sie seitlich neben die Ventile verlegt, die mit kurzen Stößeln und Kipphebeln betätigt wurden. Die Nockenwellen wurden über eine Zwischenwelle per Kette angetrieben. Das Ergebnis waren bei der zuerst vorgestellten R 1100 RS 90 PS aus 1085 cm³ Hubraum. Bei der Vorderradaufhängung hat man getreu der Tradition des Hauses auf eine völlig neue Konstruktion zurückgegriffen – eine Kombination aus geschobener Schwinge und Telegabel, »Telelever« genannt. Dieses System verhindert fast völlig das der Telegabel eigene Eintauchen beim Bremsen. Passend dazu kam hinten das bewährte Paralever zum Einsatz. Das Fahrwerk bestand im Wesentlichen aus dem Motor, an den ein Lenkkopfträger und ein Rahmenheck montiert waren. Es gab die Maschine mit Halb-

Trotz seitlich in den Köpfen liegender Nockenwellen war der Vierventil-Boxermotor ein wuchtiger Klotz.

Mit der R 1100 RS gelang es BMW, trotz einer konservativ-kritischen Kundschaft ein völlig neu konzipiertes Motorrad zu etablieren.

oder Vollverkleidung und verstellbarer Sitzbank. Natürlich hatte sie eine Einspritzanlage. ABS und Kat waren zunächst optional. Bis zur Ablösung durch die R 1150 RS im Jahre 2001 wurden über 22 000 Exemplare gebaut.

Die neue Vorderradführung setzte sich aus Elementen der Telegabel und der geschobenen Schwinge zusammen.

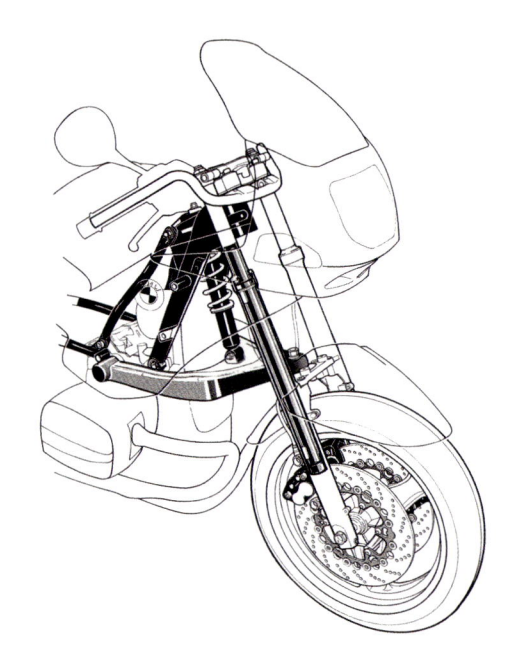

R 1100 GS (1994 bis 1999), R 850 GS (1998 bis 2001)

Natürlich durfte bei der neuen Boxer-Generation eine GS nicht fehlen, doch die im Herbst 1993 vorgestellte R 1100 GS polarisierte sowohl mit ihren Ausmaßen wie auch dem Aussehen das Publikum. Konstruktiv stark an die RS angelehnt, hatte man der GS etwas mehr Federweg spendiert, aber die Motorleistung zugunsten eines besseren Durchzugs auf 80 PS zurückgenommen. Vorne drehte sich jetzt ein 19 Zoll-Rad. Das gegen Aufpreis erhältliche ABS war fürs Gelände abschaltbar.

Die meisten Kunden wagten sich mit dem 243 kg schweren Gerät freilich höchstens auf Schotterpisten. Weil sich die R 1100 GS aber schnell einen guten Ruf sowohl als Reisedampfer wie auch als Kurvenräuber erwarb, wurden bis 1999 über 43 000 Maschinen verkauft. Ab 1999 erschien eine bis auf kleinere Kolben baugleiche R 850 GS, die entweder 70 oder 34 PS leistete. Trotz eines sehr ruhig laufenden und sparsamen Motors kam die Maschine nicht sonderlich gut an.

Die R 1100 GS wurde zum ultimativen Fernreise-Kamel – auch mit Entenschnabel.

BMW R 1100 RS / R 1100 RT / R 1100 GS (R 850 GS)
Konkurrenzmodelle: Cagiva Elefant, Honda ST1100/AfricaTwin, Moto Guzzi Quota/V11, Triumph Trophy/Tiger, Yamaha TDM/GTS

Typ	R 1100 RS (1993 bis 2001) / R 1100 RT (1995 bis 2001)	R 1100 GS (1994 bis 1999) / R 850 GS (1998 bis 2000)
Ausführungen	Tourensportler / Reisemotorrad	Reise-Enduro
Motor	2-Zylinder-Boxer (längs), 4 V-förmig hängende Ventile, über Zwischenwelle, je 1 im Kopf liegende kettengetriebene Nockenwelle, Stößel und Kipphebel betätigt (HC), 3,75 Liter Motoröl, 2 Eaton-Ölpumpen, Luft/Ölkühlung, Elektrostarter	
Bohrung x Hub (mm)	99 x 70,5	99 x 70,5 / 87,5 x 70,5
Hubraum (cm^3)	1085	1085 / 848
Verdichtungsverhältnis	10,7 : 1	10,3 : 1
Leistung (PS/kW) bei U/min	90/66 bei 7250	80/59 bei 6750 oder 78/57 bei 6500 / 70/52 bei 7500 oder 34/25 bei 5000
max. Drehmoment (Nm) bei U/min	95 bei 5500	97 bei 5250 / 77 bei 5000 oder 60 bei 2500
Gemischaufbereitung	Einspritzung Motronic MA 2.2, Ø 45 mm, lambdageregelt	
Elektrik	Motronic MA 2.2, Drehstrom-Lichtmaschine 700 W, Batterie 19 Ah	
Antrieb	Einscheiben-Trockenkupplung, angeblocktes 5-Ganggetriebe mit Fußschaltung, Kardanwelle mit 2 Kreuzgelenken, Kegelrad-Winkeltrieb	
Endübersetzung (Anzahl der Zähne)	3,09 (11/34), ab 1994: 2,82 (11/31)	3,0 (11/33) / 3,2 (10/32)
Rahmen	Aluguss-Lenkkopfträger und Stahlrohr-Rahmenheck an Motor/Getriebe verschraubt	
Radaufhängung vorne	Telelever-Gabel, Ø 35 mm, mit hydr. Federbein (Vorspannung einstellbar)	
Radaufhängung hinten	Paralever-Schwinge mit hydr. Federbein (Vorspannung u. Zugstufe einstellbar)	
Federweg vorne / hinten (mm)	120 / 135	190 / 200
Lenkkopfwinkel, Nachlauf (mm)	66°, 111 / 63°, 122	64°, 115
Bremsen	vorne 2 Scheiben, Ø 305 mm mit Vierkolben-Festsattel, hinten Scheibe, Ø RS: 285 mm, Festsattel; RT/GS: 276 mm, Schwimmsattel; RT: ABS	
Räder	Gussräder 3,50 x 17 / 4,50 x 18	Kreuzspeichenr. 2,50 x 19 / 4,00 x 17
Reifen	120/70 ZR 17 / 160/60 ZR 18	110/80-H 19 / 150/70-H 17
Abmessungen L x B x H (mm)	2175 x 735 x 1286 / 2230 x 898 x 1380	2189 x 890 x 1366
Radstand (mm)	1473 / 1485	1509
Sitzhöhe (mm)	780, 800 oder 820	840 oder 860
Leergewicht / zul. Gesamtgew. (kg)	246/450 / 285/490	262 / 450
Kraftstofftank (l)	23 / 25,2	25
Verbrauch (l/100 km)	5,7 Super	6,0 Super
Höchstgeschwindigkeit (km/h)	217 / 200	204 / 195
Beschleunigung 0 – 100 km/h (sec.)	4,0 / 4,2	3,8 / 4,2
Sonstiges		
Produktionszahlen	22 485 / 24 702	43 628 / 2242
Vorgängermodell	R 100 RS / R 100 RT	R 100 GS / R 80 GS
Nachfolgemodell	R 1150 RS / R 1150 RT	R 1150 GS / –
Preise (DM)	19 250 (1993) – 21 550 (2000) / 24 500 (1996) – 26 980 (2001)	17 450 (1994) – 19 880 (1999) / 18 750 (1998) – 18 850 (2000)
Serienzubehör	verstellb. Sitzbank, ab 1995: G-Kat / RT auch: ABS, Koffer, elektr. Windschild	verstellb. Sitzbank, ab 1995: G-Kat
Extras	RS: Vollverkleidung, ABS, Koffer / RT: auch Topcase, Radio	ABS (abschaltbar), Sturzbügel, Koffer

R 1100 R (1994 bis 2000), R 850 R (1994 bis 2002)

Der dritte neue Boxer erschien nackt. Das R stand für »Roadster«. Die etwas lieblos über den Zylindern montierten Ölkühler und der kombinierte Scheinwerfer- und Instrumententräger sorgten zwar anfangs für Kritik, doch das Fahrverhalten der technisch auf der GS basierenden Maschine entschädigte die Kunden schnell.

Anders als bei der GS wurde eine 850er-Version zeitgleich mit der 1100er eingeführt (und sogar drei Jahre länger im Programm belassen), die sich besser als die Enduro verkaufte. Ab 1997 gab es ein neues Cockpit und auf Wunsch Speichenräder. Während von der 1100er bis 1999 knapp über 26 000 Maschinen verkauft wurden, waren es bis zu diesem Zeitraum bei der 850er immerhin fast 19 000 Stück.

Die R 1100 wurde im letzten Jahr als zweifarbiges Sondermodell mit Speichenrädern und verchromten Ventildeckeln verkauft, die ab Sommer 2001 letzte 850er im BMW-Programm blieb noch ein Jahr im Angebot. Als letztes Modell gab es eine »Comfort«-Version, die allerdings schon den Motor und das Getriebe des Nachfolgemodells besaß.

Äußerlich identisch konnte die R 850 R (links) ihre zehn fehlenden PS durch ein sehr laufruhiges Triebwerk wettmachen.

BMW R 1100 S (Boxer-Cup Replika) / R 1100 R (R 850 R)

Konkurrenzmodelle: Honda VTR 1000, Moto Guzzi V11, Suzuki TL/SV 1000, Triumph Daytona/Trident, Yamaha TRX 850/XJR 1200

Typ	R 1100 S (1998 – 2006) / Boxer-Cup Replika (2002 – 2004)	R 1100 R (1994 – 2000) / R 850 R (1994 bis 2002)
Ausführungen	Sportmotorrad	Tourenmotorrad
Motor	2-Zylinder-Boxer (längs), 4 V-förmig hängende Ventile, über Zwischenwelle, je 1 im Kopf liegende kettengetriebene Nockenwelle, Stößel und Kipphebel betätigt (HC), 3,75 Liter Motoröl, 2 Eaton-Ölpumpen, Luft/Ölkühlung, Elektrostarter	
Bohrung x Hub (mm)	99 x 70,5	99 x 70,5 / 87,5 x 70,5
Hubraum (cm³)	1085	1085 / 848
Verdichtungsverhältnis	11,3 : 1	10,3 : 1
Leistung (PS/kW) bei U/min	98/72 bei 7500	80/59 bei 6750 oder 78/57 bei 6500 / 70/52 bei 7500 oder 34/25 bei 5000
max. Drehmoment (Nm) bei U/min	97 bei 5750	97 bei 5250 / 77 bei 5000 oder 60 bei 2500
Gemischaufbereitung	Einspritzung Motronic MA 2.4, ⌀ 45 mm	MA 2.2, ⌀ 45 (850: 35) mm , lambdageregelt	
Elektrik	Motronic MA 2.4	MA 2.2, ab 2003 Doppelzündung, Drehstrom-Lichtmaschine 600	700 W, Batterie 15	19 Ah	
Antrieb	Einscheiben-Trockenkupplung, angeblocktes 6-	5-Ganggetriebe mit Fußschaltung, Kardanwelle mit 2 Kreuzgelenken, Kegelrad-Winkeltrieb	
Endübersetzung (Anzahl der Zähne)	2,75 (12/33)	2,82 (11/31) / 3,20 (10/32)
Rahmen	Aluguss-Lenkkopfträger und Stahlrohr-Rahmenheck an Motor u. Getriebe (S: an zusätzlichen Alu-Heckrahmen) verschraubt	
Radaufhängung vorne	Telelever-Gabel , ⌀ 35 mm, mit hydr. Federbein (Vorspannung einstellbar)	
Radaufhängung hinten	Paralever-Schwinge mit hydr. Federbein (Vorspannung u. Zugstufe einstellbar)	
Federweg vorne / hinten (mm)	120 / 130	120 / 135
Lenkkopfwinkel, Nachlauf (mm)	65°, 100	63°, 127
Bremsen	vorne 2 Scheiben, ⌀ 305 (ab 2001: 320) mm mit Vierkolben-Festsattel, hinten Scheibe, ⌀ 276 mm, Schwimmsattel	
Räder	Gussräder 3,50 x 17 / 5,00 x 17 / 3,50 x 17 / 5,50 x 17	Gussräder 3,50 x 17 / 4,50 x 18
Reifen	120/70 ZR 17 / 170/60 ZR 17 / 120/70 ZR 17 / 180/55 ZR 17	120/70 ZR 17 / 160/60 ZR 18
Abmessungen L x B x H (mm)	2180 x 880 x 1160	2197 x 889 x 1170
Radstand (mm)	1478	1487
Sitzhöhe (mm)	800 / 820	760, 780 oder 800
Leergewicht / zul. Gesamtgew. (kg)	229/450	235/450
Kraftstofftank (l)	18	21
Verbrauch (l/100 km)	6,3 Super	5,9 / 5,0 Super
Höchstgeschwindigkeit (km/h)	226	200 / 190
Beschleunigung 0 – 100 km/h (sec.)	3,7	3,9 / 4,5
Sonstiges		
Produktionszahlen	30 235 / 3297	26 213 / 29 209
Vorgängermodell	R 100 CS (1980)	R 100 R / R 80 R
Nachfolgemodell	R 1200 S / –	R 1150 R / R 850 R
Preise	20 900 DM (1998) – 11 500 EUR (2005) / 12 750 EUR (2002) – 13 450 EUR (2004)	16 500 DM (1994) – 18 450 DM (2000) / 15 500 DM (1994) – 9350 EUR (2002)
Serienzubehör	G-Kat / G-Kat, Bugspoiler, Carbonteile	verstellb. Sitzbank, G-Kat, Lenkungsd.
Extras	Sportpaket, ABS, Koffer, Heizgriffe / –	ABS, Windschild

R 1100 RT (1995 bis 2001)

Ins klassische BMW-Programm gehört eine RT, also wurde 1995 eine solche Variante des neuen Boxers eingeführt. Um die Technik der RS wurde eine Kunststoffverschalung gezogen, aus der nur noch die Zylinderköpfe und die Räder herausschauten. Serienmäßig mit elektrisch verstellbarer Windschutzscheibe, verstellbarer Lüftung für Warm- oder Kaltluft, Koffern, ABS und Katalysator sowie langstreckenfreundlichem 26 Liter-Tank ausgerüstet, brachte der neue »Reise-Tourer« zwar 282 kg auf die Waage, doch weder das Gewicht noch der stolze Preis von 24 500 DM verhinderten, dass die R 1100 RT neben der GS die meistverkaufte Boxer-BMW wurde. (Technische Daten: S. 105)

Reise-Boxer mit Windstärken-Verstellung. Weder Gewicht noch Preis behinderten den Verkaufserfolg.

R 1200 C (1997 bis 2005), R 850 C (1998 bis 2001)

Mit der Ende 1997 vorgestellten R 1200 C brachte BMW erstmals einen (früher Chopper genannten) »Cruiser« ins Programm, mit dem man ebenfalls erstmals im Motorradbau bewies, dass ein solches Fahrzeug nicht unbedingt wie eine Harley-Davidson aussehen musste. Man hielt sich an die Regel »viel Hubraum, viel Drehmoment aus dem Keller und viel Chrom«, und für das Design gab es sogar diverse Preise. Das Hinterrad wurde ohne Paralever in einer langen Einarmschwinge geführt, und ein klappbares Leder-Brötchen diente entweder als Rückenlehne oder als Notsitz für den Sozius. Während des Cruiser-Booms verkaufte sich die lediglich 61 PS starke Maschine recht gut, und bald wurden wie beim amerikanischen Ur-Cruiser leicht veränderte Varianten nachgeschoben. Ab Ende 2000 gab es eine 850er-Variante, die 50 PS leistete. Die gleichzeitig angebotene Version »Avantgarde« war bis auf einen anderen Lenker und statt polierter nun anthrazitfarbener Fahrwerksteile mit der R 1200 C identisch, die nun »Classic« hieß. Bereits 2001 fiel die 850er wieder aus dem Programm, und es wurde eine R 1200 C »Independent« mit Gussrädern, kleinen Nebelscheinwerfern und Zweifarblackierung angeboten. 2004 kam die »Montauk« mit breitem 16 Zoll-Vorderrad der R 1200 CL, kleinem Windschild und Zusatzscheinwerfer hinzu. 2005 war die Chopperwelle weltweit so weit abgeflaut, dass alle C-Modelle aus dem Programm genommen wurden.

Cruiser auf bajuwarisch: Die R 1200 C erhielt bereits nach zwei Jahren den Beinamen »Classic«.

Luxus-Cruiser mit breitem Vorderrad: R 1200 C Montauk.

Solisten-Cruiser – Independent eben.

BMW R 1200 C (R 850 C) / R 1200 CL

Konk.-modelle: Harley Softail/E-Glide, Honda VT 1100, Kawasaki VN 15, Moto Guzzi California, Suzuki Intruder, Yamaha XV 1100/XVZ

Typ	R 1200 C (1997 – 2005) (Montauk: 04 – 05, Independent: 01 – 05) / R 850 C (98 – 01)	R 1200 CL (2002 bis 2005)
Ausführungen	Cruiser	Reise-Cruiser
Motor	2-Zylinder-Boxer (längs), 4 V-förmig hängende Ventile, über Zwischenwelle, je 1 im Kopf liegende kettengetriebene Nockenwelle, Stößel und Kipphebel betätigt (HC), 3,75 Liter Motoröl, 2 Eaton-Ölpumpen, Luft/Ölkühlung, Elektrostarter	
Bohrung x Hub (mm)	101 x 73 / 87,5 x 70,5	101 x 73
Hubraum (cm³)	1170 / 848	1170
Verdichtungsverhältnis	10,0 : 1 / 10,3 : 1	10,9 : 1
Leistung (PS/kW) bei U/min	60/45 bei 5000 / 50/37 bei 5250 oder 34/25 bei 4250	60/45 bei 5000
max. Drehmoment (Nm) bei U/min	98 bei 3000 / 71 bei 4750 oder 60 bei 2500	98 bei 3000
Gemischaufbereitung	Einspritzung Motronic MA 2.4, ⌀ 35 (CL ab 9/03: 34) mm, lambdageregelt	
Elektrik	Motronic MA 2.4 (35 mm), ab 2003 Doppelzündung, Drehstrom-Lichtmaschine 700 W (CL: 800), 19 Ah-Batterie	
Antrieb	hydraulische Einscheiben-Trockenkupplung, angeblocktes 5-Ganggetriebe (CL: 6 Gänge) mit Fußschaltung, Kardanwelle mit 1 Kreuzgelenk, Kegelrad-Winkeltrieb	
Endübersetzung (Anzahl der Zähne)	2,54 (11/28)	2,62 (13/14)
Rahmen	Aluguss-Lenkkopfträger und Stahlrohr-Rahmenheck an Motor/Getriebe verschraubt	
Radaufhängung vorne	Telelever-Gabel, ⌀ 41 mm, mit hydr. Federbein (Vorspannung einstellbar)	
Radaufhängung hinten	Monolever-Einarmschwinge mit hydraulischem Federbein (Vorspannung einstellbar)	
Federweg vorne / hinten (mm)	144 / 100	144 / 120
Lenkkopfwinkel, Nachlauf (mm)	60,5°, 86	56,5, 184
Bremsen	vorne 2 Scheiben, ⌀ 305 mm mit Vierkolben-Festsattel, hinten Scheibe, ⌀ 285 mm, Festsattel; CL: ABS	
Räder	2,50 x 18 / 4,00 x 15	3,50 x 16 / 4,00 x 15 (auch Montauk)
Reifen	100/90 ZR 18 / 170/80 ZR 15	150/80-16 / 170/80-15 (auch Montauk)
Abmessungen L x B (mm)	2340 (Mont: 2370) x 775 (Mont: 790/ Indep: 980)	2415 x 853
Radstand (mm)	1650 (Mont: 1641)	1641
Sitzhöhe (mm)	740 (Mont: 790)	745
Leergewicht / zul. Gesamtgew. (kg)	256/450 (Mont: 265/460)	308 / 530
Kraftstofftank (l)	17,5	
Verbrauch (l/100 km)	5,5 Super	6,0 Super
Höchstgeschwindigkeit (km/h)	168 / 155	165
Beschleunigung 0 – 100 km/h (sec.)	5,8 / 6,9	6,4
Sonstiges		
Produktionszahlen	27 721 (Avant: 2067; Mont: 3267; Indep: 5739) / 1505	5160
Vorgänger- / Nachfolgemodell	– / –	– / –
Preise	24 375 DM (1998) – 13 462 EUR (2005) (Indep: + 500 EUR, Mont: + 750 EUR) / 23 880 DM (1999) – 23 450 DM (2001)	15 100 (2002) – 15 300 (2005)
Serienzubehör	G-Kat	G-Kat, ABS, Verkl., Trittbretter, Koffer
Extras	ABS, Koffer, Windschild	CD-Player, Tempomat etc.

R 1100 S (1998 bis 2006)

Ein Buchstabe fehlte noch im neuen Boxer-Programm, und damit es auch richtig sportlich wurde, hatte BMW seinem neuen Sport-Boxer ein neues Fahrwerk spendiert, bei dem ein mittleres drittes Rahmenteil aus Aluminium die Hinterradschwinge aufnahm und das Fahrwerk versteifte. Mit erhöhter Verdichtung sowie diversen kleinen Änderungen am Motor, Ein- und Auslassbereich und Auspuff wurden 98 PS mobilisiert, die über eine hydraulisch betätigte Kupplung und ein ebenfalls neues Sechsganggetriebe aufs 170 mm breite 17-Zoll-Hinterrad übertragen wurden. Die natürlich mit G-Kat gereinigten Abgase wurden über zwei unter dem Heck angeordnete Schalldämpfer entlassen. Wem 50° Schräglage nicht ausreichten, der konnte ein »Sportpaket« mit längeren Stoßdämpfern ordern. Für einen aktuellen 180er-Reifen gab es auf Wunsch eine 5,5 Zoll breite Felge, dann musste allerdings der bei BMW auch für Sportler obligatorische Hauptständer entfernt werden. Weil BMW zeitgleich mit der Einführung der S einen Boxer-Cup ins Leben rief, gab es von 2002 bis 2004 eine entsprechende Replika mit Motorspoiler, Kohlefaser-Deckeln und Renn-Lackierung samt Sponsoren-Aufklebern. (Technische Daten: S. 107)

Die R 1100 S war die erste BMW mit sechs Gängen. Die Telelever-Gabel war optisch auf Upsidedown getrimmt.

Ab Werk mit Sponsoren-Aufklebern, vorgeschliffenen Ventildeckeln und Randy Mamola-Autogramm: R 1100 S Boxer-Cup-Replica.

R 1150 GS (1999 bis 2004)
R 1150 GS Adventure (2002 bis 2005)

Nachdem die neue Boxer-Familie mit der Sport-Version vollständig war, begann man bei der Enduro, die seit Jahren in Deutschland die Zulassungsstatistik anführte, mit der Überarbeitung. Pünktlich zum zwanzigsten Jubiläum der erfolgreichen GS-Reihe erschien die mit zwei Millimeter größeren Kolben versehene R 1150 GS. Die damit erzeugten 85 PS wurden über ein Sechsganggetriebe abgegeben, bei dem der letzte Gang als Overdrive fungierte. Ein Elypsoid-Doppelscheinwerfer machte die R 1150 GS von Weitem kenntlich. Schon ohne ABS (das sowohl eine größerer Lichtmaschine als auch Batterie erforderte) wog die GS vollgetankt 245 kg (zur Erinnerung: die Ur-G/S wog 186 kg), doch vom Spitzenplatz in den Verkaufslisten konnte sie dies nicht ablösen. 2002 kam eine mit Koffern, Zusatzscheinwerfern, Grobstollenreifen und einem 30 Liter-Tank ausrüstbare Adventure-Version auf den Markt, die serienmäßig mit mehr Federweg, auf Normalbenzin umschaltbarer Motorsteuerung, kürzerem ersten Gang und diversen Protektoren ausgerüstet war. Ab 2003 gab es zur Verbesserung des Motorlaufs und der Abgase je Zylinder eine zweite Zündkerze.

Stärker, schwerer, teurer: Dem Erfolg der R 1150 GS tat das keinen Abbruch.

Der Unimog unter den Motorrädern: Die R 1150 GS Adventure – hier als Sondermodell »25 Jahre GS« von 2005.

R 1150 R (2001 bis 2006), R 850 R (2003 bis 2006), Rockster (2003 bis 2005)

Die nackte R 1150 R wurde die zweite Maschine mit 1130 cm³ Hubraum und Sechsganggetriebe. Hinten drehte sich jetzt wie vorne ein 17-Zoll-Rad, die Ölkühler hatte man in Tankverkleidungen versteckt, und der Längslenker war »organisch« geformt. Wer – wie die meisten Kunden – das ABS wählte, musste sich nun zwangsläufig gleichzeitig an eine Integralbremse (bei der mit dem Handbremshebel auch hinten verzögert wurde) sowie einen Bremskraftverstärker gewöhnen. Letzteren empfanden viele als Ärgernis, zudem gab es einige Ausfälle, die für Schlagzeilen sorgten. Die ab 2003 angebotene R 850 R war wieder bis auf Kolben und Zylinder baugleich, außerdem war der sechste Gang nicht als Overdrive ausgeführt. Für 2003 wurde ein Ableger namens Rockster angeboten, der mit dem Scheinwerfer der GS und diversen Teilen der S eine Art »Streetfighter« darstellte. Weil man als Kunden den Großstadt-Single im Visier hatte, gab es auch nur einen Sitzplatz. Die BMW-Klientel war damit nicht zu begeistern, sodass nach zwei Jahren wieder Schluss war.

R 1150 R (2001 bis 2006), R 850 R (2003 bis 2006), Rockster (2003 bis 2005)

Der eigenwillige Vorderradkotflügel soll den neu platzierten Ölkühlern der R 1150 R ausreichend Luft zuführen.

Die »Rockster« war neben der F 650 CS ein weiterer Versuch, sich an ein jüngeres Publikum zu wenden.

BMW R 1150 GS (Adventure) / R 1150 R (Rockster) / R 850 R (Comfort)

Konk.-modelle: Honda Varadero/X-11, Moto Guzzi Quota/V11, Suzuki DL/SV 1000, Triumph Tiger/Speed Triple, Yamaha XJR 1300

Typ	R 1150 GS (1999 bis 2004) / GS Adventure (2002 bis 2005)	R 1150 R (2001 bis 2006) (Rockster: 03 – 05) / R 850 R (2003 bis 2006) (Comfort: 04–06)
Ausführungen	Reise-Enduro	Tourenmotorrad
Motor	2-Zylinder-Boxer (längs), 4 V-förmig hängende Ventile, über Zwischenwelle, je 1 im Kopf liegende kettengetriebene Nockenwelle, Stößel und Kipphebel betätigt (HC), 3,75 Liter Motoröl, 2 Eaton-Ölpumpen, Luft-/Ölkühlung, Elektrostarter	
Bohrung x Hub (mm)	101 x 70,5	101 x 70,5 / 87,5 x 70,5
Hubraum (cm³)	1130	1130 / 848
Verdichtungsverhältnis	10,3 : 1	10,3 : 1
Leistung (PS/kW) bei U/min	85/62,5 bei 6750	85/62,5 bei 6750 / 70/52 bei 7000 oder 34/25 bei 5000
max. Drehmoment (Nm) bei U/min	98 bei 5250	98 bei 5250 / 77 bei 5500 od. 60 bei 3000
Gemischaufbereitung	Einspritzung Motronic MA 2.4, Ø 45 mm, lambdageregelt	
Elektrik	Motronic MA 2.4, ab 2002 Doppelzündung (nicht bei R 850 R), Drehstrom-Lichtmaschine 600 (Adv/R: 700) W, Batterie: 14 (Adv/R: 19) Ah	
Antrieb	Einscheiben-Trockenkupplung, angeblocktes 6-Ganggetriebe mit Fußschaltung, Kardanwelle mit 2 Kreuzgelenken, Kegelrad-Winkeltrieb	
Endübersetzung (Anzahl der Zähne)	2,82 (11/31)	2,82 (11/31) / 3,09 (11/34)
Rahmen	Aluguss-Lenkkopfträger und Stahlrohr-Rahmenheck an Motor/Getriebe verschraubt	
Radaufhängung vorne	Telelever-Gabel, Ø 35 mm, mit hydr. Federbein (Vorspannung einstellbar)	
Radaufhängung hinten	Paralever-Schwinge mit hydr. Federbein (Vorspannung u. Zugstufe einstellbar)	
Federweg vorne / hinten (mm)	190/200 (210/220)	120 / 135
Lenkkopfwinkel, Nachlauf (mm)	64°, 115 (64°, 121)	63°, 127
Bremsen	vorne 2 Scheiben (Ø GS: 305; R: 320 mm) mit Vierkolben-Festsattel, hinten Scheibe, Ø 276 mm, Schwimmsattel	
Räder	Kreuzspeichenräder 2,50 x 19 / 4,00 x 17	Gussräder 3,50 x 17 / 5,00 x 17 (Rock: 5,50 x 17) (850 Comf: 3,50 x 18/5,00 x 18)
Reifen	110/80-H 19 / 150/70-H 17	120/70 ZR 17 / 170/60 ZR 17 (Rock: 180/55 ZR 18) (Comf: 120/70 ZR 18 / 170/60 ZR 18
Abmessungen L x B x H (mm)	2189 x 920 x 1420 (Adv: 1435)	2170 x 920 x 1165 (Rockster: 1097)
Radstand (mm)	1509 (1501)	1487
Sitzhöhe (mm)	840 oder 860	800 (Rockster: 835, Comf: 780)
Leergewicht / zul. Gesamtgew. (kg)	243/450 (253/460)	238 / 450
Kraftstofftank (l)	22 (Adv: optional 30)	21 (Comfort: 17,6)
Verbrauch (l/100 km)	5,7 Super	5,7/5,0 Super
Höchstgeschwindigkeit (km/h)	197	197 / 187
Beschleunigung 0 – 100 km/h (sec.)	3,9 (4,3)	3,6 / 4,5
Sonstiges		
Produktionszahlen	58 023 / 16 232	38 767 (8336) / 8579
Vorgängermodell	R 1100 GS (–)	R 1100 R / R 850 R
Nachfolgemodell	R 1200 GS (Adventure)	R 1200 R
Preise	19 890 DM (1999) – 11 212 EUR (2004) / 11 500 EUR (2002) – 11 752 EUR (2005)	19 500 DM (2001) – 10 862 EUR (2006) Rock: 10 600 (2003) / 9750 EUR (2003) – 10 362 (2006)
Serienzubehör	G-Kat, verstellb. Sitzbank	G-Kat, verstellb. Sitzbank
Extras	ABS (abschaltbar), Sturzbügel, Koffer, (Adv. auch: 30 l-Tank, kürzer übersetzter 1. Gang, Codierstecker f. Zündkennfeld)	ABS, Koffer, Overdrive, Rockster: Soziussitz

R 1150 RT (2001 bis 2004)

Zum Saisonbeginn 2001 erhielt auch die RT eine Hubraum-Aufstockung und eine weitere Getriebeabstufung. In der leicht modifizierten Vollverkleidung saß ein neuer Tandemscheinwerfer mit zwei Nebellampen. ABS war serienmäßig, eine Vollintegral-Bremse sorgte dafür, dass sowohl mit der Hand- wie mit der Fußbremse immer beide Räder verzögert wurden. Eine elektronische Bremskraftverteilung und ein Bremskraftverstärker sollten für fast perfekte Sicherheit sorgen, fanden aber nicht bei allen Kunden Zustimmung.

Optisch fiel an der R 1150 RT vor allem der große Tandemscheinwerfer auf.

R 1150 RS (2001 bis 2005)

Als letztes Modell wurde die am längsten gebaute RS mit dem neuen Motor, Sechsganggetriebe, 17-Zoll-Hinterrad, neuen Bremsen und den von den anderen 1150ern bekannten Modifikationen ins Rennen geschickt. Im Verhältnis zu den anderen Modellen wurde sie optisch nur wenig verändert.

Die R 1150 RS unterschied sich optisch hauptsächlich durch neue Räder und Farbvarianten von der 1100er.

BMW R 1150 RS / R 1150 RT

Konk.-modelle: Aprilia Falco, Ducati ST, Honda VFR/ST 1100, Moto Guzzi Quota/V11, Triumph Sprint/Trophy, Yamaha FJR 1300

Typ	R 1150 RS (2001 bis 2005)	R 1150 RT (2001 bis 2004)
Ausführungen	Tourensportler	Reisemotorrad
Motor	2-Zylinder-Boxer (längs), 4 V-förmig hängende Ventile, über Zwischenwelle, je 1 im Kopf liegende kettengetriebene Nockenwelle, Stößel und Kipphebel betätigt (HC), 3,75 Liter Motoröl, 2 Eaton-Ölpumpen, Luft/Ölkühlung, Elektrostarter	
Bohrung x Hub (mm)	101 x 70,5	
Hubraum (cm³)	1130	
Verdichtungsverhältnis	11,3 : 1	
Leistung (PS/kW) bei U/min	95/70 bei 7250	
max. Drehmoment (Nm) bei U/min	100 bei 5500	
Gemischaufbereitung	Einspritzung Motronic MA 2.4, ⌀ 45 mm, lambdageregelt	
Elektrik	Motronic MA 2.2, Drehstrom-Lichtmaschine 12 V 700 W, Batterie 19 Ah	
Antrieb	Einscheiben-Trockenkupplung, angeblocktes 6-Ganggetriebe mit Fußschaltung, Kardanwelle mit 2 Kreuzgelenken, Kegelrad-Winkeltrieb	
Endübersetzung (Anzahl der Zähne)	2,82 (11/31)	2,91 (11/32)
Rahmen	Aluguss-Lenkkopfträger und Stahlrohr-Rahmenheck an Motor/Getriebe verschraubt	
Radaufhängung vorne	Telelever-Gabel, ⌀ 35 mm, mit hydr. Federbein (Vorspannung einstellbar)	
Radaufhängung hinten	Paralever-Schwinge mit hydr. Federbein (Vorspannung u. Zugstufe einstellbar)	
Federweg vorne / hinten (mm)	120 / 135	
Lenkkopfwinkel, Nachlauf (mm)	64,5°, 111	63°, 122
Bremsen	vorne 2 Scheiben, ⌀ 320 mm mit Vierkolben-Festsattel, hinten Scheibe, ⌀ 276 mm, Schwimmsattel, RT: ABS, Bremskraftverstärker	
Räder	Gussräder 3,50 x 17 / 5,00 x 17	
Reifen	120/70 ZR 17 / 170/60 ZR 17	
Abmessungen L x B x H (mm)	2170 x 758 x 1286	2230 x 898 x 1380
Radstand (mm)	1469	1485
Sitzhöhe (mm)	790, 810 oder 830	805, 825 oder 845
Leergewicht / zul. Gesamtgew. (kg)	246/450	279 / 495
Kraftstofftank (l)	23	25,2
Verbrauch (l/100 km)	4,6 Super	5,0 Super
Höchstgeschwindigkeit (km/h)	215	200
Beschleunigung 0 – 100 km/h (sec.)	4,1	4,3
Sonstiges		
Produktionszahlen	7305	56355
Vorgängermodell	R 1100 RS	R 1100 RT
Nachfolgemodell	R 1200 ST	R 1200 RT
Preise	11 700 EUR (2002) – 12 362 EUR (2005)	26 980 DM (2001) – 14 712 EUR (2004)
Serienzubehör	G-Kat, verstellb. Sitzbank	G-Kat, Integral-ABS, verstellb. Sitzbank, elektr. Windschild, Nebelscheinwerfer
Extras	Vollverkleidung, Teilintegral-ABS, Koffer	Koffer, Topcase, Radio, etc.

R 1200 CL (2002 bis 2005)

Ganz auf amerikanischen Touren-Cruiser machte die 2002 vorgestellte R 1200 CL, deren Basis eine stark modifizierte R 1200 C war. Der unverändert 61 PS leistende 1200er-Boxer wirkte jetzt auf ein Sechsganggetriebe mit Overdrive, die Einarmschwinge und das Rahmenheck wurden verstärkt, und in der Telelever-Gabel fand ein 150 mm breiter 16 Zoll-Reifen Platz. Garniert wurde das Ganze mit einer der Harley Electra Glide nicht unähnlichen lenkerfesten Verkleidung mit vier Scheinwerfern und in verchromte Handschützer integrierten Blinkern, rahmenfesten Verkleidungsseitenteilen, Trittbrettern, einer luxuriösen (auf Wunsch beheizbaren) Sitzgarnitur und einem lackierten dreiteiligen Kofferset. Gegen Aufpreis gab es Griffheizung, CD-Radio, Tempomat und eine Extraportion Chrom. Hauptziel war der amerikanische Markt, in Deutschland gab es nicht nur aufgrund des erstmals bei einem Boxer über 15 000 Euro angesiedelten Preises nur wenige Biker, die sich nicht zwischen einer »vernünftigen« BMW und einer verschnörkelten Harley entscheiden konnten. Von den nur knapp über 5000 Exemplaren gingen immerhin fast 3000 Stück nach Amerika.

Luxus-Reise-Cruiser nach amerikanischem Vorbild: Von der R 1200 CL wurde der größere Teil der Produktion in die USA exportiert. (Technische Daten: S. 111)

R 1200 GS (ab 2004), R 1200 GS Adventure (ab 2006)

Schneller, stärker, leichter: Dank intensiv betriebener Diät war mit der R 1200 GS erstmals eine Enduro leichter ausgefallen als ihre Vorgängerin.

Zehn Jahre nach ihrer Vorstellung wurde die dritte Stufe der Vierventil-GS gezündet. Der durch mehr Hub auf 1170 cm^3 Hubraum gebrachte und jetzt 100 bzw. 98 PS leistende Boxer war erstmals mit einer sich innerhalb der zum Antrieb der Nockenwellen nötigen Nebenwelle drehenden Ausgleichswelle versehen, die Vibrationen eliminieren sollte. Trotzdem hatte man am Motor 3 kg eingespart. Insgesamt war Gewichtsersparnis oberstes Ziel der Entwickler gewesen, sodass die Diät über 30 kg brachte. Unter anderem war das auch auf eine CAN-Bus-Elektrik zurückzuführen, die weniger Kabel erforderte. Bei den Rädern konnte zwischen Guss- und Drahtspeichen gewählt werden. Der sechste Gang war nicht mehr als Overdrive ausgelegt. Wer die Maschine mit (abschaltbarem) ABS bestellte, bekam eine Teilintegral-Bremse dazu, bei der die Handbremse auch auf das Hinterrad wirkte. Ab 2006 basierte das ultimative Wüstenschiff Adventure auf der R 1200 GS. Keine drei Jahre nach Produktionsbeginn wurde in Berlin die 100 000. R 1200 GS montiert. 2008 wurden beide Modelle überarbeitet – etwas mehr Leistung, eine stärkere Lichtmaschine, ein verstärktes Getriebe (bei der Adventure mit wahlweise kürzer übersetztem ersten Gang), eine kürzere Endübersetzung und eine Option auf ein elektrisch abstimmbares Fahrwerk namens Enduro-ESA waren die wichtigsten Neuerungen.

R 1200 GS (AB 2004), R 1200 GS ADVENTURE (AB 2006)

Mit dem kompletten Zubehör der Adventure konnte man unbesorgt auf Weltreise gehen.

Vom silbernen »Leitflügel« bis zum LED-Rücklicht war die für 2008 modifizierte GS an zahlreichen Details erkennbar.

BMW R 1200 GS (Adventure) / R 1200 R

Konkurrenzmodelle: Aprilia Caponord/Tuano, Honda Varadero/CB 1300, KTM Adventure, Moto Guzzi Stelvio/Breva, Moto MoriniGranpasso/ Corsaro, Suzuki DL/SV 1000, Triumph Tiger/Speed Triple, Yamaha MT-01/FZ 1

Typ	R 1200 GS (ab 2004) / R 1200 GS Adventure (ab 2006)	R 1200 R (ab 2006)
Ausführungen	Reise-Enduro	Tourenmotorrad
Motor	2-Zylinder-Boxer (längs), 4 V-förmig hängende Ventile (36/31 mm), über Zwischenwelle, je 1 im Kopf liegende kettengetriebene Nockenwelle, Stößel und Kipphebel betätigt (HC), 4 Liter Motoröl, 2 Eaton-Ölpumpen, Ausgleichswelle, Luft/Ölkühlung, Elektrostarter	
Bohrung x Hub (mm)	101 x 73	
Hubraum (cm³)	1170	
Verdichtungsverhältnis	11,0 : 1 (ab 2008: 12,0 : 1)	12,0 : 1
Leistung (PS/kW) bei U/min	100/74 bei 7000 (ab 08: 105/77 bei 7500)	109/80 bei 7500
max. Drehmoment (Nm) bei U/min	115 bei 5500 (ab 2008: bei 5750)	115 bei 6000
Gemischaufbereitung	Einspritzung BMS-K (P), Ø 47 mm, lambdageregelt	
Elektrik	BMS-K, Doppelzündung, Drehstrom-Li.-Ma. 600 W (GS ab 2008: 720 W), Batterie 14 Ah	
Antrieb	Einscheiben-Trockenkupplung, angeblocktes 6-Ganggetriebe mit Fußschaltung, Kardanwelle mit 2 Kreuzgelenken, Kegelrad-Winkeltrieb	
Endübersetzung (Anzahl der Zähne)	2,82 (11/31) [GS ab 2008: 2,91 (11/32)]	
Rahmen	Stahlrohr-Lenkkopfträger / Stahlrohr-Rahmenheck an Motor/Getriebe verschraubt	
Radaufhängung vorne	Telelever-Gabel, Ø 41 mm, mit hydr. Federbein (Vorspannung einstellbar)	
Radaufhängung hinten	Paralever-Schwinge mit hydr. Federbein (Vorspannung u. Zugstufe einstellbar)	
Federweg vorne / hinten (mm)	190/200 / 210/220	120/140
Lenkkopfwinkel, Nachlauf (mm)	63°, 110 (ab 2008: 64,3°, 101, / 63,8°, 97,6)	63°, 127
Bremsen	vorne 2 Scheiben, Ø GS: 305; R: 320 mm, mit Vierkolben-Festsattel, hinten Scheibe, Ø 265 mm, Festsattel	
Räder	Guss- oder Kreuzspeichenräder 2,50 x 19 / 4,00 x 17	Gussräder 3,50 x 17 / 5,50 x 17
Reifen	110/80-R 19 / 150/70-R 17	120/70 ZR 17 / 180/55 ZR 18
Abmessungen L x B x H (mm)	2210 x 871 x 1380	k.A.
Radstand (mm)	1520 (ab 2008: 1507) /1511	1495
Sitzhöhe (mm)	810, 840 oder 860 / 890 oder 910 (ab 2008: 850 oder 870 / 895 oder 915)	770, 800 oder 830
Leergewicht / zul. Gesamtgew. (kg)	230/435 (ab 2008: 229/440) / 256/475	223 / 450
Kraftstofftank (l)	20 / 33	18
Verbrauch (l/100 km)	5,7 Super	5,4 Super Plus
Höchstgeschwindigkeit (km/h)	205 (195)	225
Beschleunigung 0 – 100 km/h (sec.)	3,9 / 4,3 (ab 2008: 3,3 / 3,9)	3,6
Sonstiges		
Produktionszahlen	90 142 / 18 320 (bis 2007)	laufende Produktion
Vorgängermodell	R 1150 GS (Adventure)	R 1150 R
Preise (EUR)	11 700 (2004) – 12 500 (2008) Adv.: 13 762 (2006) – 14 000 (2008)	11 200 (2006) – 13 640 (2008)
Serienzubehör	G-Kat, verstellb. Sitzbank	G-Kat, verstellb. Sitzbank
Extras	Integral-ABS (abschaltbar), Sturzbügel, Koffer ab 2008: ESA, ASC	Integral-ABS, ESA, Koffer, Hauptständer

R 1200 RT (ab 2005)

Trotz wuchtiger Optik hatte die R 1200 RT in der Basisversion gegenüber ihrer Vorgängerin 20 kg abgespeckt.

Im Januar 2005 kam eine völlig neu gestaltete RT mit dem 1200er-Motor auf den Markt. Bei diesem Modell erreichte erstmals ein BMW-Boxer eine Leistung von über 100 PS. Der dafür mit 12 zu 1 sehr hoch verdichtende Motor wurde mit Klopfsensoren ausgerüstet, die bei Verwendung von Benzin mit unter 98 Oktan die Zündung verstellten. Eine etwas aufgelockerte, aber dennoch wuchtige Verkleidung sorgte mit einer entsprechend eingestellten Windschutzscheibe nötigenfalls bis zur Höchstgeschwindigkeit von 226 km/h für besten Wetterschutz. Der sechste Gang war nicht mehr als Overdrive ausgelegt. In der Basisversion hatte man gegenüber der R 1150 RT um 20 kg abgespeckt. Hinten wurde ab Werk ein 180er-Reifen geliefert. Neben der vom Vorgängermodell gewohnten Serienausstattung gab es auf Wunsch ein während der Fahrt elektronisch einstellbares Fahrwerk (ESA = Electronic Suspension Adjustment) und eine Antischlupf-Regelung (ASC = Active Stability Control). Dank vieler weiterer Extras war der bei 15300 Euro angesetzte Einstandspreis stark ausbaufähig.

R 1200 ST (2005 bis 2007)

Weil BMW-Motorräder mehr Dynamik ausstrahlen sollten, wurde ab März 2005 der 1150er Reise-Sportler (RS) in einen 1200er Sport-Tourer (ST) verwandelt – 110 PS und 229 kg vollgetankt waren durchaus Gründe, den Sport an die vordere Stelle zu setzen. Für gehobene Reiseansprüche gab es auf Wunsch das elektronisch einstellbare Fahrwerk, Koffer und das Integral-ABS mit dem fragwürdigen Bremskraftverstärker sowie ASC. Kritik von allen Seiten erhielt die durch zwei übereinander angeordnete riesige Scheinwerfer dominierte Front. Wahrscheinlich war BMW seiner Zeit zu weit voraus: Bereits 2007 fiel die R 1200 St – zunächst ersatzlos – aus dem Modellprogramm.

Motorrad für Nightrider: Das Licht ist nachts hell, der Rest unsichtbar (rechts).

Guter Tourer mit gewöhnungsbedürftiger Optik: R 1200 ST.

BMW R 1200 ST / R 1200 RT

Konkurrenzmodelle: Ducati ST3, Honda Pan European, Moto Guzzi Norge 1200, Triumph SprintST, Yamaha FJR 1300

Typ	R 1200 ST (2005 – 2007)	R 1200 RT (ab 2005)
Ausführungen	Sport-Tourer	Reisemotorrad
Motor	2-Zylinder-Boxer (längs), 4 V-förmig hängende Ventile (36/31 mm), über Zwischenwelle, je 1 im Kopf liegende kettengetriebene Nockenwelle, Stößel und Kipphebel betätigt (HC), 4 Liter Motoröl, 2 Eaton-Ölpumpen, Ausgleichswelle, Luft/Ölkühlung, Elektrostarter	
Bohrung x Hub (mm)	101 x 73	
Hubraum (cm³)	1170	
Verdichtungsverhältnis	12,0 : 1	
Leistung (PS/kW) bei U/min	95/70 bei 7250	
max. Drehmoment (Nm) bei U/min	100 bei 5500	
Gemischaufbereitung	Einspritzung BMS-K, Ø 47 mm, lambdageregelt	
Elektrik	BMS-K, Doppelzündung, Drehstrom-Lichtmaschine 720 W, Batterie: 14 (RT: 19) Ah	
Antrieb	Einscheiben-Trockenkupplung, angeblocktes 6-Ganggetriebe mit Fußschaltung, Kardanwelle mit 2 Kreuzgelenken, Kegelrad-Winkeltrieb	
Endübersetzung (Anzahl der Zähne)	2,62 (13/37)	
Rahmen	Stahlrohr-Lenkkopfträger und Stahlrohr-Rahmenheck an Motor/Getriebe verschraubt	
Radaufhängung vorne	Telelever-Gabel, Ø 41 mm, mit Federbein (Vorspannung einstellbar)	
Radaufhängung hinten	Paralever-Schwinge mit hydr. Federbein (Vorspannung u. Zugstufe einstellbar)	
Federweg vorne / hinten (mm)	120 / 135	
Lenkkopfwinkel, Nachlauf (mm)	63°, 112	63,4°, 110
Bremsen	vorne 2 Scheiben, Ø 320 mm mit Vierkolben-Festsattel, hinten Scheibe, Ø 265 mm, Schwimmsattel, RT: ABS, Bremskraftverstärker	
Räder	Gussräder 3,50 x 17 / 5,50 x 17	Gussräder 3,50 x 17 / 5,00 x 17
Reifen	120/70 ZR 17 / 180/55 ZR 17	
Abmessungen L x B x H (mm)	2165 x 750 x 1220	2230 x 915 x 1380
Radstand (mm)	1502	1485
Sitzhöhe (mm)	830 oder 860	820 bis 840 (a.W. 780 bis 800)
Leergewicht / zul. Gesamtgew. (kg)	229/460	259 (ohne Koffer) / 495
Kraftstofftank (l)	21	27
Verbrauch (l/100 km)	4,6 Super Plus	5,0 Super Plus
Höchstgeschwindigkeit (km/h)	230	226
Beschleunigung 0 – 100 km/h (sec.)	3,5	3,6
Sonstiges		
Produktionszahlen	7302	laufende Produktion
Vorgängermodell	R 1150 RS	R 1150 RT
Nachfolgemodell	–	–
Preise (EUR)	12 962 EUR (2005)	15 562 (2005) – 15 850 (2008)
Serienzubehör	G-Kat, verstellb. Sitzbank	G-Kat, Teilintegral-ABS, ESA, verstellb. Sitzbank, Koffer, elektr. Windschild
Extras	Vollverkleidung, Teilintegral-ABS, Gepäckträger, Koffer, Bordwerkzeug, Hauptständer etc.	ESA, Topcase, Radio mit CD, Bordcomputer, Tempomat, Sitzheizung, Rückenlehne, Bordwerkzeug etc.

HP2 (ab 2005 bis 2007)

Hatte BMW es bereits geschafft, die 1200er GS auf 230 kg abzuspecken, so wurden im Sommer 2005 die letzten Zweifler an den Geländeeigenschaften einer Boxermaschine eines Besseren belehrt. HP stand für »High Performance«, die 2 für die Anzahl der Zylinder. Aber auch die für alle Paris–Dakar-Maschinen verantwortliche Firma HPN dürfte Anteil am Namen haben. 199 kg Leergewicht (vollgetankt), 105 PS, vorne 27 und hinten 25 cm Federweg und 92 cm Sitzhöhe waren Werte, die für radikalen Geländeeinsatz sprachen und von sportlichen Erfolgen unterstrichen wurden. Mit einem einteiligen Gitterrohrrahmen aus Stahl, einer Upsidedown-Telegabel mit 21 Zoll-Vorderrad und einem die bekannte Paralever-Einarmschwinge abstützenden Luftdruck-Dämpfer wich die HP2 von allen bekannten Boxern ab. BMW-Enthusiasten, die sich nicht einmal vom Preis in Höhe von 16 900 Euro abschrecken ließen, wurden ausdrücklich gewarnt: Für die HP2 waren weder ABS noch ein Kofferset erhältlich. Die zunächst nur auf Wunsch erhältlichen 17 Zoll-Räder wurden im letzten Modelljahr 2007 serienmäßig mitgeliefert. (Technische Daten: S. 133)

Motorrad-Artist Christian Pfeiffer war 2006 mit der HP2 auf dem Weg zum Erzberg-Gipfel.

BMWs erste echte Geländemaschine: HP2 von 2005.

R 1200 S (ab 2006)

Als letzte 1100er auf dem Markt erschienen, hatte der Sport-Boxer die 1150er Variante einfach übersprungen und kam im Frühjahr 2006 – als vorletztes Modell – in der 1,2 Liter-Variante. Zwar war damit immer noch keine Ducati 999 oder gar 1098 zu schlagen, doch 122 PS bei 213 kg Leergewicht sind Daten, die für dynamisches Vorwärtskommen ausreichen sollten. Entstanden bei den RT- und ST-Modellen die 110 PS bei 7500 U/min, musste man bei der R 1200 S den Motor mit viel Feinarbeit davon überzeugen, dass er die zwölf zusätzlichen PS zuverlässig bei 8250 Umdrehungen abgab. Um sich ausreichend von der ST abzusetzen, hatte die neue S mit tieferen Lenkstummeln und höheren Fußrasten eine sportlichere Sitzposition, auch der direkt über dem jetzt einteilig ausgeführten Schalldämpfer angeordnete Soziussitz war nur für Kurzstreckenbetrieb geeignet. 2007 wurde mit einer entsprechend vorbereiteten Maschine recht erfolgreich an 24-Stundenrennen teilgenommen.

So sollten andere Motorradfahrer die R 1200 S sehen.

Dr. Herbert Diess, bis 2007 Leiter von BMW Motorrad, auf der R 1200 S in Sonderlackierung.

BMW R 1200 S / HP2 Sport

Konkurrenzmodelle: Aprilia RSV, Buell XB12R/1125R, Ducati 1098, Honda VTR, MZ 1000 S, Voxan Café Racer

Typ	R 1200 S (ab 2006)	HP2 Sport (ab 2008)
Ausführungen	Sportmotorrad	Sport-/Rennsportmotorrad
Motor	2-Zylinder-Boxer (längs), 4 V-förmig hängende Ventile (36/31 mm), über Zwischenwelle, je 1 im Kopf liegende kettengetriebene Nockenwelle, Stößel und Kipphebel betätigt (HC), 4 Liter Motoröl, 2 Eaton-Ölpumpen, Ausgleichswelle, Luft/Ölkühlung, Elektrostarter	2-Zylinder-Boxer (längs), 4 radial hängende Ventile (39/33 mm), über Zwischenwelle, 2 oben liegende kettengetriebene Nockenwellen und Schlepphebel betätigt (DOHC), 4 Liter Motoröl, 2 Eaton-Ölpumpen, Ausgleichswelle, Luft/Ölkühlung (2 Ölkühler), Elektrostarter
Bohrung x Hub (mm)		101 x 73
Hubraum (cm^3)		1170
Verdichtungsverhältnis		12,5 : 1
Leistung (PS/kW) bei U/min	122/90 bei 8250	130/96 bei 8750
max. Drehmoment (Nm) bei U/min	112 bei 6800	115 bei 6000
Gemischaufbereitung	Einspritzung BMS-K, Ø 52 mm, lambdageregelt	
Elektrik	BMS-K, Doppelzündung, Drehstrom-Lichtmaschine 600 W, Batterie 14 Ah	BMS-K, Drehstrom-Lichtmaschine 480 W, Batterie 12 Ah
Antrieb	Einscheiben-Trockenkupplung, angeblocktes 6-Ganggetriebe mit Fußschaltung (HP2: + Schaltassistent), Kardanwelle mit 2 Kreuzgelenken	
Endübersetzung (Anzahl der Zähne)	2,75 (12/33)	
Rahmen	Hauptrahmen und Lenkkopfträger aus Stahlrohr an Motor/Getriebe verschraubt, S: Alu-Rahmenheck, HP2: Kohlefaser-Heck	
Radaufhängung vorne	Telelever-Gabel (Ø 41 mm), hydr. Federbein (Vorsp. einstellbar, HP2: auch Dämpfung)	
Radaufhängung hinten	Paralever-Schwinge mit Federbein (Vorspannung, Druck- u. Zugstufe einstellbar)	
Federweg vorne / hinten (mm)	110/120	105/120
Lenkkopfwinkel, Nachlauf (mm)	66°, 87	66°, 86
Bremsen	vorne 2 Scheiben, Ø 320 mm mit Vierkolben-Festsattel, hinten Scheibe, Ø 265, Zweikolben-Schwimmsattel	
Räder	Gussräder 3,50 x 17 / 5,50 x 17	Schmiederäder 3,50 x 17 / 6,00 x 17
Reifen	120/70 ZR 17 / 180/55 ZR 17	120/70 ZR 17 / 190/55 ZR 17
Abmessungen L x B x H (mm)	2151 x 870 x 1177	2135 x 750 (Zyl.-Schleifer) x k.A.
Radstand (mm)	1487	
Sitzhöhe (mm)	830	
Leergewicht / zul. Gesamtgew. (kg)	213/410	199/330
Kraftstofftank (l)	17	16
Verbrauch (l/100 km)	4,5 Super Plus	5,5 Super Plus
Höchstgeschwindigkeit (km/h)	250	über 250
Beschleunigung 0 – 100 km/h (sec.)	3,2	3,1
Sonstiges		
Produktionszahlen	laufende Produktion	laufende Produktion
Vorgängermodell	R 1100 S	R 1100 S Boxercup-Replica
Nachfolgemodell	–	–
Preise EUR)	12 500 EUR (2006) – 12 950 EUR (2008)	21 600 (2008)
Serienzubehör	G-Kat	G-Kat, Öhlins-Dämpfer, verstellb. Lenker u. Rasten, CFK-Verkleidung, Multifunktions-Anzeigetafel, Einstellwerkzeug
Extras	ABS (abschaltb.), Öhlins-Dämpfer, 6-Zoll-Felge hi., Heizgriffe, Bordwerkzeug	ABS (abschaltbar)

F 800 S, F 800 ST (ab 2006)

Die zwischen den 650er-Einzylindern und den immer größer werdenden Boxern entstandene Lücke mit 850er-Boxern zu schließen, hatte sich konstruktions- und preisbedingt als Trugschluss erwiesen – ihr Konstruktionskonzept war für eine Mittelklassemaschine einfach zu kompliziert. Also ließ BMW bei Rotax einen 800er-Reihenzweizylinder entwickeln, der als besonderes Merkmal einen dritten Pleuel besaß, mit dem ein angelenktes Gewicht betätigt wurde, das die durch die sich parallel bewegenden Kolben entstehenden Vibrationen eindämmte. Immerhin 85 PS (auf Wunsch auch nur 34) wurden über ein Sechsganggetriebe und einen Zahnriemen auf das einseitig gelagerte Hinterrad übertragen. Beim restlichen Fahrwerk vertraute man auf einen Alu-Brückenrahmen und eine herkömmliche Telegabel. Anfängliche Probleme mit zu viel Leerweg im Antriebsstrang und Getriebegeräuschen wurden nach kurzer Zeit behoben. Im Mai 2006 kam die mit einer rahmenfesten Halbverkleidung und Stummellenkern ausgerüstete S-Version zu den Händlern, im Herbst folgte die ST-Variante mit höherer Vollverkleidung, höherem Rohrlenker und Gepäckträger. BMW-typisch lagen die Preise über dem Klassendurchschnitt.

Der mittlere Pleuel ist unten mit einem Hebel verbunden, um die Massen der parallel oszillierenden Kolben auszugleichen (oben rechts).

Wem zum Verreisen 85 PS ausreichen, der kann mit der F 800 ST auch auf langen Strecken Spaß haben.

David Robb, Leiter der Motorrad-Designabteilung, auf der F 800 S.

BMW F 800 S / F 800 ST

Konkurrenzmodelle: Honda Deauville/CBF 600, Hyosung GT 650, Kawasaki ER6, Moto Guzzi Breva 750, Suzuki SV 650

Typ	F 800 S (ab 3/2006)	F 800 ST (ab 9/2006)
Ausführungen	Sport-Tourer	Tourer, leichtes Reisemotorrad
Motor	Reihen-Zweizylinder (Gleichläufer), quer liegend, um 30° nach vorne geneigt, 4 V-förmig hängende Ventile (32/27,5 mm), über 2 per Steuerkette angetriebene Nockenwellen mit Schlepphebeln betätigt (DOHC), Semi-Trockensumpfschmierung mit 2 Ölpumpen, Ausgleichspleuel mit Schwinghebel, Wasserkühlung, Elektrostarter	
Bohrung x Hub (mm)	82 x 75,6	
Hubraum (cm³)	798	
Verdichtungsverhältnis	12,0 : 1	
Leistung (PS/kW) bei U/min	85/62,5 bei 8000 oder 34/25 bei 7000	
max. Drehmoment (Nm) bei U/min	86 bei 5800 oder 55 bei 3500	
Gemischaufbereitung	Saugrohr-Einspritzung BMS-K, Ø 46 mm, lambdageregelt	
Elektrik	BMS-K, Drehstromlichtmaschine 400 W, 14 Ah-Batterie, CAN-Bus	
Antrieb	Mehrscheiben-Ölbadkupplung, integriertes 6-Ganggetriebe, Fußschaltung, Zahnriemen	
Endübersetzung (Anzahl der Zähne)	2,353 (34/80)	
Rahmen	Brückenrahmen aus Aluminiumprofilen, angeschraubtes Rahmenheck aus Stahlrohr, Motor mittragend	
Radaufhängung vorne	hydraulische Telegabel, Ø 43 mm	
Radaufhängung hinten	Alu-Einarmschwinge mit Zentralfederbein (Vorspannung u. Zugdämpfung einstellbar)	
Federweg vorne / hinten (mm)	140 / 140	
Lenkkopfwinkel /Nachlauf (mm)	64°/ 95	
Bremsen	vorne 2 Scheiben, Ø 320 mm, Vierkolben-Festsattel, hinten Scheibe, Ø 265 mm, Einkolben-Schwimmsattel	
Räder vorne / hinten	Gussräder – 3,50 x 17 / 5,50 x 17	
Reifen vorne / hinten	120/70 ZR 17 / 180/55 ZR 17	
Abmessungen L x B (mm)	2082 x 738 (Lenker)	2195 x 797 (Lenker)
Radstand (mm)	1466	
Sitzhöhe (mm)	820 (auf Wunsch 790)	
Leergewicht / zul. Gesamtgew. (kg)	204/405	209/405
Kraftstofftank (l)	16	
Verbrauch (l/100 km)	4,2 Super	
Höchstgeschwindigkeit (km/h)	225 (34 PS: 155)	
Beschleunigung 0 – 100 km/h (sec.)	3,5	3,7
Sonstiges		
Produktionszahlen	laufende Produktion	laufende Produktion
Vorgängermodell	K 75 S (1986 – 1995)	K 75 RT (1990 – 1996)
Preise (EUR)	8922 (2007)	9642 (2007)
Serienzubehör	G-Kat, Wegfahrsperre, Halbverkleidung	G-Kat, Wegfahrsperre, Vollverkleidung, Gepäckbrücke
Extras	ABS, Bordcomputer, Anpassung an Normalbenzin, Koffer, tiefere Sitzbank, Hauptständer, Bordwerkzeug	

R 1200 R (ab 2006)

Mit der unverkleideten R 1200 R war die 1200er-Boxerflotte Ende 2006 komplett.

Als letzte Maschine wurde die unverkleidete R in die dritte Generation übernommen. Im Spätsommer 2006 stand die wieder an einem einfachen Längslenker und einem konventionellen Vorderradkotflügel erkennbare R 1200 R bei den Händlern. Bei einem um 600 Euro gestiegenen Preis gab es 24 PS mehr und 15 kg weniger – der Tank war kleiner geworden, außerdem musste der Hauptständer als Extra geordert werden. Der Ölkühler hatte einen neuen Platz erhalten, er saß nun vorne am Motor. Integral-ABS, ASC und ESA kosteten ebenfalls Aufpreis, einen Bremskraftverstärker gab es nicht mehr. (Technische Daten: S. 122)

HP2 Megamoto (ab 2007)

Kampfboxer: Mit der Megamoto braucht man sich vor zweizylindrigen Ducati- oder KTM-Supermotos nicht zu verstecken.

Zwar konnte bereits die Gelände-HP2 mit 17 Zoll-Straßenrädern ausgerüstet werden, doch war sie vom Fahrwerk her zu sehr auf den Einsatz im Gelände ausgelegt, als dass man sie ohne Weiteres als Supermoto hätte einsetzen können. Mit dank einer Marzocchi-Gabel und einem Öhlins-Öldruckstoßdämpfer deutlich geringeren Federwegen (vorne 160 statt 270 und hinten 180 statt 250 mm) und einer entsprechend verringerten Sitzhöhe sowie einer vorderen Doppelscheibenbremse war die Megamoto besser für den harten Asphalt-Einsatz vorbereitet. Für 17 330 Euro gab es einen Drehzahlmesser, eine Cockpitverkleidung und einen mit Katalysator ausgerüsteten Akrapovic-Auspuff obendrein. Ab 2008 ist optional auch ein ABS erhältlich.

BMW HP2 Enduro/Megamoto

Konkurrenzmodelle: Ducati Hypermotard, KTM Super Duke/Super Enduro/Supermoto

Typ	HP2 Enduro (2006 bis 2007)	HP2 Megamoto (ab 2007)
Ausführungen	Sport-Enduro	Supermoto
Motor	2-Zylinder-Boxer (längs), 4 V-förmig hängende Ventile (36/31 mm), über Zwischenwelle, je eine im Kopf liegende kettengetriebene Nockenwelle, Stößel und Kipphebel betätigt (HC), 4 Liter Motoröl, 2 Eaton-Ölpumpen, Luft-/Ölkühlung, Elektrostarter	
Bohrung x Hub (mm)	101 x 73	
Hubraum (cm³)	1170	
Verdichtungsverhältnis	11,0 : 1	12,0 : 1
Leistung (PS/kW) bei U/min	105/77 bei 7000	113/83 bei 7500
max. Drehmoment (Nm) bei U/min	115 bei 5500	115 bei 6000
Gemischaufbereitung	Einspritzung BMS-K, Ø 47 mm, lambdageregelt	
Elektrik	BMS-K, Doppelzündung, Drehstrom-Lichtmaschine 600 W, Batterie 12 Ah	
Antrieb	Einscheiben-Trockenkupplung, angeblocktes 6-Ganggetriebe mit Fußschaltung, Kardanwelle mit 2 Kreuzgelenken, Kegelrad-Winkeltrieb	
Endübersetzung (Anzahl der Zähne)	2,82 (11/31)	
Rahmen	Stahl-Gitterrohrrahmen (Motor nicht mittragend)	
Radaufhängung vorne	Upsidedown-Telegabel Ø 45 mm, Zug- und Druckstufe einstellbar	
Radaufhängung hinten	Paralever-Schwinge mit Luftdruck-Federbein (Druck einstellbar)	Paralever-Schwinge mit hydraulischem Federbein (Vorspannung, Druck- und Zugstufe einstellbar)
Federweg vorne / hinten (mm)	270/250	160/160
Lenkkopfwinkel, Nachlauf (mm)	60,5°, 127	61,4°, 95
Bremsen	vorne 1 Scheibe, Ø 305 mm mit Vierkolben-Festsattel, hinten Scheibe, Ø 265, Schwimmsattel	vorne 2 Scheiben, Ø 320 mm mit Vierkolben-Festsattel, hinten Scheibe, Ø 265, Schwimmsattel
Räder	Speichenräder 1,85 x 21 / 2,50 x 17 und Gussräder 3,50 x 17 / 5,50 x 17	Gussräder 3,50 x 17 / 5,50 x 17
Reifen	90/90-T 21 / 140/80-T 17 und 120/70 ZR 17 / 180/55 ZR 17	120/70 ZR 17 / 180/55 ZR 17
Abmessungen L x B (mm)	2350 x 828	2350 x 922
Radstand (mm)	1610	1615
Sitzhöhe (mm)	920 (a.W. 900)	860 bis 910
Leergewicht / zul. Gesamtgew. (kg)	196,5/380	199/380
Kraftstofftank (l)	13	
Verbrauch (l/100 km)	ca. 5,0 bis 6,5 Super Plus	
Höchstgeschwindigkeit (km/h)	200	210
Beschleunigung 0 – 100 km/h (sec.)	3,2	
Sonstiges		
Produktionszahlen	2902	laufende Produktion
Vorgängermodell	–	–
Nachfolgemodell	–	–
Preise EUR)	16 500 EUR (2006) – 17 562 EUR (2007)	17 562 EUR (2007), 17 300 (2008)
Serienzubehör	G-Kat, 17 Zoll-Straßenräder, div. Protektoren, Luftpumpe, Wasserwaage	G-Kat, Akrapovic-Auspuff
Extras	Bordwerkzeug, ABS (ab 2008)	

HP2 Sport (ab 2008)

2007 wurde mit einer modifizierten R 1200 S recht erfolgreich an 24-Stundenrennen teilgenommen. Wie weit die weiterhin mit Telelever und Kardanantrieb ausgerüstete Maschine »frisiert« worden war, wurde erst bei der Vorstellung der HP2 Sport im Herbst in Paris klar: In den äußerlich kaum veränderten Zylinderköpfen arbeiteten jetzt statt einer halbhoch zwei (ganz) oben liegende Nockenwellen, die über Schlepphebel die vier nun radial angeordneten Ventile betätigten – anders wäre die Höchstdrehzahl von 9500 U/min nicht zu erreichen gewesen. Bereits bei 8750 U/min produzierte der Motor über 130 PS. Ein enger gestuftes Sechsganggetriebe mit Schaltassistent (der beim Hochschalten die Zündung zurücknimmt und die Einspritzung aussetzt, sodass weder die Kupplung gezogen noch das Gas geschlossen werden muss) unterstützt die sportliche Note genauso wie ein Öhlins-Fahrwerk und radiale Brembo-Zangen. Dank eines selbsttragenden Carbon-Rahmenhecks, Schmiederädern und viel Detailarbeit konnte das Leergewicht (mit 14 Litern Benzin!) auf 199 kg gebracht werden. (Technische Daten: S. 128)

Gedopter HP2-Boxer: zwei oben liegende Nockenwellen und radial angeordnete Ventile.

Blinker, Spiegel und Kennzeichenträger lassen sich bei der HP2 Sport für den Rennstreckenbetrieb rasch demontieren.

Der Motor der HP2 Sport ist trotz DOHC-Zylinderköpfen 2 cm schmaler als das Triebwerk der anderen aktuellen Boxermodelle.

F 800 GS, F 650 GS (ab 2008)

Der 800er-Paralleltwin wurde 2008 in die Gitterrohrrahmen zwei neuer Enduros gehängt. Der aus den Straßen-Twins bekannte Rotax-Motor übertrug die Kraft über eine Kette auf das in einer aus Aluminium bestehenden Zweiarmschwinge geführte Hinterrad. Der Tank war wieder im Rahmendreieck untergebracht. Bei der fahrbereit 207 kg schweren F 800 GS wurde das 21 Zoll-Vorderrad von einer Upsidedown-Gabel geführt. Die F 650 GS unterschied sich von der 800er durch Gussräder mit vorne nur 19 Zoll Durchmesser und einer einzelnen Bremsscheibe, außerdem hatte sie eine normale Telegabel, weniger Federweg, eine dezentere Optik und geänderte Steuerzeiten, die zusammen mit weniger Ventilhub 14 PS weniger Leistung brachten – der Hubraum betrug weiterhin 798 cm^3. Von ihrem gleichnamigen Vorgängermodell unterschied sie sich also durch einen zweiten Kolben, 150 cm^3 mehr und eine deutlich für den Straßenbetrieb bestimmte Auslegung – sie war insofern also weder eine 650er noch eine echte GS. Mit einem optionalen Tieferlegungs-Satz (79 cm Sitzhöhe), der geringeren Leistung und ihren 199 kg Leergewicht war die »kleine« Version ausdrücklich für Ein- und Umsteiger (und Frauen) ausgerichtet. Trotz eines pflegeintensiven Kettenantriebs war bei beiden Modellen ein Hauptständer nur als Sonderzubehör erhältlich.

Neue Enduro-Mittelklasse ab 2008: F 800 GS.

Leichter Straßen-Twin mit Understatement: F 650 GS.

BMW F 800 GS / F 650 GS

Konkurrenzmodelle: Aprilia Pegaso, Honda Transalp, Kawasaki Versys, Suzuki DL 650 V-Strom, Yamaha TDM/XT 660

Typ	F 800 GS (ab 2008)	F 650 GS (ab 2008)
Ausführungen	Enduro	Enduro
Motor		Reihen-Zweizylinder (Gleichläufer), quer liegend, um 30° nach vorne geneigt, 4 V-förmig hängende Ventile (32/27,5 mm), über 2 per Steuerkette angetriebene Nockenwellen mit Schlepphebeln betätigt (DOHC), Semi-Trockensumpfschmierung mit 2 Ölpumpen, Ausgleichspleuel mit Schwinghebel, Wasserkühlung, Elektrostarter
Bohrung x Hub (mm)		82 x 75,6
Hubraum (cm³)		798
Verdichtungsverhältnis		12,0 : 1
Leistung (PS/kW) bei U/min	85/63 bei 7500	71/52 bei 7000 oder 34/25 bei k. A.
max. Drehmoment (Nm) bei U/min	83 bei 5750	75 bei 4500 oder (k. A.)
Gemischaufbereitung		Saugrohr-Einspritzung BMS-KP, $\varnothing$ 46 mm, lambdageregelt
Elektrik		BMS-KP, Drehstromlichtmaschine 400 W, 14 Ah-Batterie, CAN-Bus
Antrieb		Mehrscheiben-Ölbadkupplung, integriertes 6-Ganggetriebe, Fußschaltung, Kette
Endübersetzung (Anzahl der Zähne)	2,625 (16/42)	2,412 (17/41)
Rahmen		Gitterrohrrahmen aus Stahl, angeschraubtes Rahmenheck aus Vierkant-Stahlrohr, Motor mittragend
Radaufhängung vorne	Upsidedown-Telegabel, $\varnothing$ 45 mm	Telegabel, $\varnothing$ 43 mm
Radaufhängung hinten		Alu-Zweiarmschwinge, Zentralfederbein (Vorspannung u. Zugdämpfung einstellbar)
Federweg vorne / hinten (mm)	230 / 215	180 / 170
Lenkkopfwinkel /Nachlauf (mm)	64°/ 117	64°/ 97
Bremsen	vorne 2 Scheiben, $\varnothing$ 300 mm, Zweikolben-Schwimmsättel, hinten Scheibe, $\varnothing$ 265 mm, Einkolben-Schwimmsattel	vorne 1 Scheibe, $\varnothing$ 300 mm, Zweikolben-Schwimmsattel, hinten Scheibe, $\varnothing$ 265 mm, Einkolben-Schwimmsattel
Räder vorne / hinten	Speichenräder – 2,15 x 21 / 4,35 x 17	Gussräder – 2,50 x 19 / 3,50 x 17
Reifen vorne / hinten	90/90-21 (54V) / 150/70 R 17 (69V)	110/80 R 19 (59H) / 140/80 R 17 (69H)
Abmessungen L x B (mm)	2320 x 870 (Lenker)	2280 x 845 (Lenker)
Radstand (mm)	1578	1575
Sitzhöhe (mm)	880 (auf Wunsch 850)	820 (auf Wunsch 790)
Leergewicht / zul. Gesamtgew. (kg)	207/443	199/436
Kraftstofftank (l)		16
Verbrauch (l/100 km)	4,5 Super	4,4 Normal
Höchstgeschwindigkeit (km/h)	200	189
Beschleunigung 0 – 100 km/h (sec.)	4,1	4,3
Sonstiges		
Produktionszahlen	laufende Produktion	laufende Produktion
Vorgängermodell	–	F 650 GS
Preise (EUR)	9640 (2008)	7800 (2008)
Serienzubehör	G-Kat, Windschild, Motorschutz	G-Kat
Extras		ABS, Gepäckträger, Koffer, Protektoren, Windschild (F 650), Sturzbügel, Akrapovic-Auspuff, tiefere Sitzbank (nur 150 kg Zuladung), Hauptständer, Bordwerkzeug

BMW-Drei- und Vierzylinder ab 1983

K 100 (1983 bis 1990)

Lange vor ihrer offiziellen Vorstellung hatten Erlkönige mit einem liegenden, längs eingebauten Reihenvierzylindermotor für Furore gesorgt. Bei BMW war man sich seit Langem darüber im Klaren, dass der Boxer mit der Leistungsexplosion der Japaner nicht mithalten konnte, doch wollte man auch nicht wie Harley ganz in der nostalgischen Nische verbleiben.

Nach der Vorstellung der Honda Gold-Wing war das naheliegende Motorenkonzept eines vierzylindrigen Boxers »besetzt«. Einen längs liegenden Reihenmotor, der BMW-typisch mit dem Getriebe verblockt und mit einem Kardanantrieb versehen werden konnte, hatte es jedoch noch in keinem Motorrad gegeben. Zwei oben liegende Nockenwellen sollten über Tassenstößel die jeweils zwei Ventile betätigen und das Gemisch von einer Einspritzanlage aufbereitet werden. Um das Gegendrehmoment auszugleichen, wurde die Kraft von der Kurbelwelle per Zahnräder über eine Welle auf die so entgegengesetzt drehende Kupplung übertragen. Die dank der im Getriebe gelagerten Einarmschwinge als »Compact Drive System« patentierte Antriebseinheit hing mittragend unter einem offenen Brückenrahmen.

Die ab September 1983 ausgelieferte unverkleidete K 100 war mit all dem wieder einmal eine einzigartige BMW geworden. Ab 1988 wurde die K 100 mit dem Tank der K 75 und weniger Kunststoff optisch noch etwas aufgelockert.

Vier Zylinder, DOHC, Einspritzung, Wasserkühlung: Der Kundschaft wurden viele Neuerungen zugemutet.

K 100 RS (1983 bis 1992)

Die kurz nach der K 100 vorgestellte RS-Version trug eine eng anliegende und nur bis über den Motor reichende Verkleidung, die jedoch wirkungsvoll den Wind ableitete. Massive »A-Säulen« und in die Spiegel integrierte Blinker machten den Reise-Sportler weithin sichtbar. Wer gerade überholt worden war (oder sich von hinten näherte), konnte am viereckigen Auspuff die Anzahl der Zylinder erkennen. Die RS konnte mit Koffern ausgerüstet werden, ab 1988 kam erstmals im Motorradbau ein optionales ABS hinzu. Ab 1990 erhielt die technisch auf der K1 basierende neue K 100 RS neben der Paralever-Hinterradschwinge einen Vierventil-Zylinderkopf mit leicht erhöhter Verdichtung, sodass nun 100 PS mobilisiert werden konnten. Ein klassischer Rundrohr-Auspuff ersetzte die kantige Ausführung.

Markante Front: Mit der Reise-Sport-Variante bot BMW Kilometerfressern einen idealen Untersatz.

Diese Darstellung weist auf eine der beiden Neuerungen der K 100 RS ab 1990 hin: den Vierventil-Zylinderkopf. (Technische Daten: S. 148)

BMW K 100 / K 100 RS

Konkurrenzmodelle: Honda CB 1100, Kawasaki Z 1300, Laverda 1000 SFC, Suzuki GS 1100 G, Yamaha XJ 900/FJ 1100

Typ	K 100 (1983 bis 1990)	K 100 RS (1983 bis 1992)
Ausführungen	Tourenmotorrad	Tourensportler
Motor	Reihen-Vierzylinder, längs liegend um 90° nach links geneigt, 2 V-förmig hängende Ventile, über 2 per Steuerkette angetriebene Nockenwellen mit Tassenstößeln betätigt (DOHC), Nasssumpfschmierung, Wasserkühlung, Elektrostarter	
Bohrung x Hub (mm)	67 x 70	
Hubraum (cm^3)	987	
Verdichtungsverhältnis	10,2 : 1	
Leistung (PS/kW) bei U/min	90/66 bei 8000	
max. Drehmoment (Nm) bei U/min	86 bei 6000	
Gemischaufbereitung	Saugrohr-Einspritzung LE-Jetronic, Ø 34 mm	
Elektrik	Digitale Kennfeldzündung, Drehstromlichtmaschine 460 W, Batterie: 20-25 Ah	
Antrieb	Einscheiben-Trockenkupplung, angeblocktes 5-Ganggetriebe, Fußschaltung, Kardanwelle mit Kreuzgelenk, Kegelrad-Winkeltrieb	
Endübersetzung (Anzahl der Zähne)	2,91 (11/32)	2,82 (11/31)
Rahmen	Brückenrahmen aus Stahlrohr, Motor mittragend	
Radaufhängung vorne	hydraulische Telegabel, Ø 41,4 mm	
Radaufhängung hinten	Monolever-Einarmschwinge mit hydraulischem Federbein	
Federweg vorne / hinten (mm)	185 / 110	
Lenkkopfwinkel /Nachlauf (mm)	63,5°/ 101	
Bremsen	vorne 2 Scheiben, Ø 285 mm, Zweikolben-Festsättel, hinten Scheibe, Ø 285 mm, Zweikolben-Festsattel	
Räder vorne / hinten	Gussräder 2,50 x 18 / 2,75 x 17	
Reifen vorne / hinten	100/90 V 18 / 130/90 V 17	
Abmessungen L x B x H (mm)	2220 x 960 x 1155	2220 x 800 x 1271
Radstand (mm)	1516	
Sitzhöhe (mm)	810	
Leergewicht / zul. Gesamtgew. (kg)	239/480	253/480
Kraftstofftank (l)	22	
Verbrauch (l/100 km)	5,7 Normal	5,1 Normal
Höchstgeschwindigkeit (km/h)	218	221
Beschleunigung 0 – 100 km/h (sec.)	4,0	4,3
Sonstiges		
Produktionszahlen	12 871	34 804
Vorgängermodell	R 100	R 100 RS
Nachfolgemodell	K 1200 R (2005)	K 1100 RS
Preise (DM)	12 490 (1983) – 15 900 (1989)	15 190 (1983) – 18 300 (1989)
Serienzubehör		Verkleidung
Extras	Gepäckträger, Koffer, kürzere Übersetzung (K 100: 33/11; RS: 32/11)	

K 100 RT (1984 bis 1989)

Das Konzept der K-Reihe bot sich für eine komplett ausgestattete Reisemaschine regelrecht an. So stand ab 1984 das dritte K-Modell mit großer Verkleidung und Koffern abfahrbereit beim Händler. Topcase und Radio mussten allerdings gesondert bestellt werden. Die ab 1987 erhältliche K 100 LT machte ihr aber in der Folge das Leben schwer, sodass es eine RT bald nur noch mit drei Zylindern gab.

Wie schon beim Boxer folgte auf eine RS bald eine RT mit großer Tourenverkleidung.

K 75 C (1985 bis 1990)

Obwohl man den Dreizylinder-Reihenmotor parallel zum Vierzylinder der K 100 entwickelt hatte, musste dieser noch zwei Jahre warten, bis er endlich auf die Straße durfte. Bis auf den fehlenden Zylinder und eine mit Ausgleichsgewichten versehene Abtriebswelle unterschied sich der Dreizylindermotor lediglich durch eine leicht erhöhte Verdichtung vom Vierer, sodass die Typenbezeichnung auch für die Leistung in PS stand (die K 100 brachte lediglich 90 PS zustande). Der Motor hing zusammen mit dem verblockten Fünfganggetriebe und der darin gelagerten Einarmschwinge als tragendes Element in einem offenen Brückenrahmen. Unterschiede zur K 100: Das Hinterrad wurde per Trommel verzögert, hatte ein Zoll mehr Durchmesser und trug einen 10 mm schmaleren Reifen; der Auspuff war dreieckig statt viereckig ausgeformt, und der Tank fasste einen Liter weniger. Das Gewicht konnte um 11 kg reduziert werden. Und während es den Vierzylinder anfangs nackt oder mit rahmenfester Vollverkleidung gab, trug die zuerst erschienene K 75 C eine Cockpitverkleidung. Bereits nach fünf Jahren und lediglich 9566 Exemplaren verschwand die C als erster Dreizylinder aus dem Programm.

Die K 75 C trug als einzige Reihenmotor-Maschine eine gabelfeste Cockpitverkleidung.

BMW K 100 RT / K 100 LT

Konkurrenzmodelle: Honda Goldwing 1200, Kawasaki GTR 1000, Moto Guzzi 1000 SP 2/3, Yamaha XVZ 12/13T

Typ	K 100 RT (1984 bis 1989)	K 100 LT (1986 bis 1991)
Ausführungen	Reisemotorrad	Luxus-Tourer
Motor	Reihen-Vierzylinder, längs liegend um 90° nach links geneigt, 2 V-förmig hängende Ventile, über 2 per Steuerkette angetriebene Nockenwellen mit Tassenstößeln betätigt (DOHC), Nasssumpfschmierung, Wasserkühlung, Elektrostarter	
Bohrung x Hub (mm)	67 x 70	
Hubraum (cm³)	987	
Verdichtungsverhältnis	10,2 : 1	
Leistung (PS/kW) bei U/min	90/66 bei 8000	
max. Drehmoment (Nm) bei U/min	86 bei 6000	
Gemischaufbereitung	Saugrohr-Einspritzung LE-Jetronic, Ø 34 mm	
Elektrik	Digitale Kennfeldzündung, Drehstromlichtmaschine 460 W, Batterie: 20-25 Ah	
Antrieb	Einscheiben-Trockenkupplung, angeblocktes 5-Ganggetriebe, Fußschaltung, Kardanwelle mit Kreuzgelenk, Kegelrad-Winkeltrieb	
Endübersetzung (Anzahl der Zähne)	2,91 (11/32) oder 3,00 (11/33)	
Rahmen	Brückenrahmen aus Stahlrohr, Motor mittragend	
Radaufhängung vorne	hydraulische Telegabel, Ø 41,4 mm	
Radaufhängung hinten	Monolever-Einarmschwinge mit hydraulischem Federbein	
Federweg vorne / hinten (mm)	185 / 110	
Lenkkopfwinkel /Nachlauf (mm)	63,5°/ 101	
Bremsen	vorne 2 Scheiben, Ø 285 mm, Zweikolben-Festsättel, hinten Scheibe, Ø 285 mm, Zweikolben-Festsattel	
Räder vorne / hinten	Gussräder 2,50 x 18 / 2,75 x 17	
Reifen vorne / hinten	100/90 V 18 / 130/90 V 17	
Abmessungen L x B x H (mm)	2220 x 920 x 1271	2220 x 920 x 1460
Radstand (mm)	1516	
Sitzhöhe (mm)	810	
Leergewicht / zul. Gesamtgew. (kg)	263/480	283/480
Kraftstofftank (l)	22	
Verbrauch (l/100 km)	5,4 Normal	6,2 Normal
Höchstgeschwindigkeit (km/h)	206	200
Beschleunigung 0 – 100 km/h (sec.)	4,5	5,2
Sonstiges		
Produktionszahlen	22 335	14 899
Vorgängermodell	R 100 RT	–
Nachfolgemodell	(K 75 RT)	K 1100 LT
Preise (DM)	15 600 (1984) – 18 200 (1988)	18 530 (1986) – 20 520 (1991)
Serienzubehör	Vollverkleidung, Koffer	Vollverkleidung, Koffer, Topcase, Nivomat-Federbein, Radio-Vorbereitung
Extras	Nivomat-Federbein	ABS, Stereo-Cassetten-Radio

K 75 S (1986 bis 1995)

Als zweiter Dreizylinder kam Anfang 1986 die K 75 S. Die Motorleistung war gleich geblieben, doch eine knapp geschnittene rahmenfeste Halbverkleidung, ein flacher Lenker, ein 130 mm breites Hinterrad mit Scheibenbremse und eine straffere Federung sorgten für die sportliche Note – sportlicher als bei der K 100 RS, deren R ja auf »Reise« hinweist. Der zunächst nur optional erhältliche Motorspoiler gehörte ab 1989 zur Serie, und ab 1991 gab es neue Dreispeichenräder. Da die Dreizylindermotoren nicht wie die Vierzylinder ab den 1990er-Jahren mit Vierventiltechnik ausgerüstet wurden, war klar, dass das Ende des Drillings Mitte der Neunziger besiegelt war.

Lange Zeit die einzige »Sport«-Maschine mit Reihenmotor: K 75 S – hier in der ersten Ausführung von 1986.

K 75 (1986 bis 1996)

Die unverkleidete K 75 (sogar auf eine Zündspulen-Abdeckung wurde verzichtet) basierte auf der ein Jahr zuvor vorgestellten K 75 C, deren Cockpitverkleidung jetzt mit einem Aufpreis von über 1000 DM zu Buche schlug. Dafür gab es die Sparversion anfangs nur in Schwarz mit roter Sitzbank und matten Metalloberflächen. Auf Wunsch konnte eine 4 cm niedrigere Sitzbank montiert werden. Nachdem es 1990 die C-Version nicht mehr gab, erhielt die K 75 das Fahrwerk der Sport-Variante. In den zehn Jahren ihrer Dienstzeit verkaufte sich der anfangs 11 900 und zum Schluss 16 960 DM kostende Einstieg in BMWs K-Reihe fast 18 500-mal.

Die spartanischste Art, eine K-BMW zu fahren: K 75.

BMW K 75 C / K 75 S

Konkurrenzmodelle: Ducati 750 Paso, Honda CBX 750, Kawasaki GT/GPZ 750, Moto Guzzi V75, Suzuki GSX 750

Typ	K 75 C (1985 bis 1990)	K 75 S (1986 bis 1995)
Ausführungen	Tourenmotorrad	Tourensportler
Motor	Reihen-Dreizylinder, längs liegend um 90° nach links geneigt, 2 V-förmig hängende Ventile, über 2 per Steuerkette angetriebene Nockenwellen mit Tassenstößeln betätigt (DOHC), Nasssumpfschmierung, Ausgleichswelle, Wasserkühlung, Elektrostarter	
Bohrung x Hub (mm)	67 x 70	
Hubraum (cm³)	740	
Verdichtungsverhältnis	11,0 : 1	
Leistung (PS/kW) bei U/min	75/55 bei 8500	
max. Drehmoment (Nm) bei U/min	68 bei 6750	
Gemischaufbereitung	Saugrohr-Einspritzung LE-Jetronic, ⌀ 34 mm	
Elektrik	Digitale Kennfeldzündung, Drehstromlichtmaschine 460 W, Batterie: 20-25 Ah (ab 1994: 700 W-Lichtmaschine, Batterie 19 Ah-Batterie)	
Antrieb	Einscheiben-Trockenkupplung, angeblocktes 5-Ganggetriebe, Fußschaltung, Kardanwelle mit Kreuzgelenk, Kegelrad-Winkeltrieb	
Endübersetzung (Anzahl der Zähne)	3,20 (10/32)	
Rahmen	Brückenrahmen aus Stahlrohr, Motor mittragend	
Radaufhängung vorne	hydraulische Telegabel, ⌀ 41,4 mm	
Radaufhängung hinten	Monolever-Einarmschwinge mit hydraulischem Federbein	
Federweg vorne / hinten (mm)	185/110	135/110
Lenkkopfwinkel /Nachlauf (mm)	63,5°/ 101	
Bremsen	vorne 2 Scheiben, ⌀ 285 mm, Zweikolben-Festsättel, hinten C: Trommel, ⌀ 200 mm; S: Scheibe, ⌀ 285 mm, Zweikolben-Festsattel	
Räder vorne / hinten	Gussräder 2,50 x 18 / 2,75 x 18 , ab 1990 hinten 3,00 x 17	Gussräder 2,50 x 17 / 3,00 x 17
Reifen vorne / hinten	100/90 H 18 / 120/90 H 18, ab 1990: hinten 130/90 H 17	100/90 V 18 / 130/90 V 17
Abmessungen L x B x H (mm)	2220 x 900 x 1300	2220 x 810 x 1340
Radstand (mm)	1516	
Sitzhöhe (mm)	810	
Leergewicht / zul. Gesamtgew. (kg)	228/450	235/450
Kraftstofftank (l)	21	
Verbrauch (l/100 km)	5,5 Super	5,0 Super
Höchstgeschwindigkeit (km/h)	200	210
Beschleunigung 0 – 100 km/h (sec.)	4,6	4,8
Sonstiges		
Produktionszahlen	9566	18664
Vorgängermodell	–	–
Nachfolgemodell	K 75	F 800 S (2006)
Preise (DM)	12 890 (1985) – 13 650 (1988)	14 390 (1986) – 18 409 (1994)
Serienzubehör	Lenkerverkleidung	Verkleidung, ab 1989: Bugverkleidung
Extras	Gepäckträger, Koffer, ab 1990 ABS, kürzere Übersetzung (3,36)	

K 100 LT (1987 bis 1991)

Wem die K 100 RT zu unbequem oder zu sportlich war, der konnte ab 1987 zum »Luxus-Tourer« greifen, der mit höherer Windschutzscheibe, abgestufter Komfort-Sitzbank, Nivomat-Stoßdämpfer, Topcase und Sonderlackierung vollständig ausgestattet war – und das für nur 1000 Mark Aufpreis. Kein Wunder, dass aus der anfänglichen Sonderserie ein dauerhaftes Erfolgsmodell wurde, das sich rund 15 000-mal verkaufte.

BMW setzte erfolgreich auf das »Luxus-Tourer«-Konzept: K 100 LT. (Technische Daten: S. 142)

K1 (1988 bis 1993)

Viel Plastik war Ende der 1980er-Jahre an Motorrädern weltweit in Mode – man denke nur an die Ducati Paso oder die Honda CB 1000 F. Auch BMW hielt sich mit seinem »Image- und Technologieträger« daran und verschalte die K1 bis über das Vorderrad. Das damit erreichte Image blieb fraglich, und technologisch waren Vierventil-Zylinderköpfe auch nichts Neues mehr. Einzig die in Gelb gut sichtbare Paralever-Hinterradschwinge war erst ein Jahr alt und an einer Straßenmaschine neu. Für viele erfreulich war zudem, dass die K1 die Abkehr vom viereckigen Auspuff einläutete. Immerhin war sie die erste BMW mit 100 PS, und dank ihrer guten Aerodynamik erreichte sie beachtliche 240 km/h. Zum Modelljahr 1991 war sie die erste BMW, die serienmäßig einen geregelten Katalysator und ABS erhielt. (Technische Daten: S. 148)

Fliegender Ziegelstein: Trotz ausgiebiger Verschalung waren verschiedene Teile des Technologieträgers sichtbar.

BMW K 75 / K 75 RT

Konkurrenzmodelle: Harley-Davidson XLH 883, Kawasaki GT 750, Suzuki VX 800

Typ	K 75 (1986 bis 1996)	K 75 RT (1990 bis 1996)
Ausführungen	Tourenmotorrad	Reisemotorrad
Motor	Reihen-Dreizylinder, längs liegend um 90° nach links geneigt, 2 V-förmig hängende Ventile, über 2 per Steuerkette angetriebene Nockenwellen mit Tassenstößeln betätigt (DOHC), Nasssumpfschmierung, Ausgleichswelle, Wasserkühlung, Elektrostarter	
Bohrung x Hub (mm)	67 x 70	
Hubraum (cm³)	740	
Verdichtungsverhältnis	11,0 : 1	
Leistung (PS/kW) bei U/min	75/55 bei 8500	
max. Drehmoment (Nm) bei U/min	68 bei 6750	
Gemischaufbereitung	Saugrohr-Einspritzung LE-Jetronic, ⌀ 34 mm	
Elektrik	Digitale Kennfeldzündung, Drehstromlichtmaschine 460 W, Batterie: 20-25 Ah (ab 1994: 700 W-Lichtmaschine, 19 Ah-Batterie)	
Antrieb	Einscheiben-Trockenkupplung, angeblocktes 5-Ganggetriebe, Fußschaltung, Kardanwelle mit Kreuzgelenk, Kegelrad-Winkeltrieb	
Endübersetzung (Anzahl der Zähne)	3,20 (10/32)	
Rahmen	Brückenrahmen aus Stahlrohr, Motor mittragend	
Radaufhängung vorne	hydraulische Telegabel, ⌀ 41,4 mm	
Radaufhängung hinten	Monolever-Einarmschwinge mit hydraulischem Federbein	
Federweg vorne / hinten (mm)	185/110	135/110
Lenkkopfwinkel /Nachlauf (mm)	63,5°/ 101	
Bremsen	vorne 2 Scheiben, ⌀ 285 mm, Zweikolben-Festsättel, hinten K75 : Trommel, ⌀ 200 mm; RT: Scheibe, ⌀ 285 mm, Zweikolben-Festsattel	
Räder vorne / hinten	Gussräder 2,50 x 18 / 2,75 x 18, ab 1990 hinten 3,00 x 17	Gussräder 2,50 x 17 / 3,00 x 17
Reifen vorne / hinten	100/90 H 18 / 120/90 H 18, ab 1990: hinten 130/90 H 17	100/90 V 18 / 130/90 V 17
Abmessungen L x B x H (mm)	2220 x 900 x k.A.	2220 x 916 x 1460
Radstand (mm)	1516	
Sitzhöhe (mm)	760 oder 800	810
Leergewicht / zul. Gesamtgew. (kg)	226/450	258/480
Kraftstofftank (l)	21	22
Verbrauch (l/100 km)	5,2 Super	5,5 Super
Höchstgeschwindigkeit (km/h)	194	174
Beschleunigung 0 – 100 km/h (sec.)	4,6	5,2
Sonstiges		
Produktionszahlen	18 485	21 264
Vorgängermodell	K 75 C	K 100 RT
Nachfolgemodell	R 850 R	F 800 ST (2006)
Preise (DM)	11 990 (1986) – 15 995 (1996)	16 900 (1990) – 20 409 (1996)
Serienzubehör	–	Verkleidung
Extras	Gepäckträger, Koffer, ab 1990 ABS, U-Kat, K 75 S-Räder, Sturzbügel, kürzere Übersetzung (3,36); RT: ab 1993 elektrisch verstellbare Windschutzscheibe (ab 1995 Serie)	

K 75 RT (1990 bis 1996)

Die Reise-Touring-Variante war die letzte Version des Drillings und löste 1990 die K 100 RT ab, um mit deren Verkleidung eine preiswerte Reise-Alternative zur K 100 LT darzustellen. Nach der Renaissance des Boxers wurde es im Programm zwischen R 100 RT, R 1100 RT und K 1100 LT eng, sodass ein großer Teil der immerhin über 21 000 Exemplare an Polizeibehörden verschiedener Länder ausgeliefert wurde.

Reise-Tourer mit drei Zylindern: R 75 RT.

K 1100 LT (1991 bis 1999)

Nachdem der K-Motor 16 Ventile erhalten hatte, dauerte es auch nicht lange, bis er mit 3,5 mm größeren Kolben versehen und um 105 auf 1092 cm³ Hubraum aufgebohrt wurde. Dadurch konnte die Leistung auf 100 PS und das Drehmoment von 86 auf beachtliche 107 Nm gesteigert werden – bei jeweils 500 Umdrehungen weniger. Die Paralever-Schwinge und eine elektrisch verstellbare Windschutzscheibe erhöhen den Komfort. Mehrere Sondermodelle erhielten eine komplette Musikanlage, eine am Topcase angebrachte Rückenlehne, Sturzbügel, Sonderlackierungen usw. (Technische Daten: S. 150)

1996 hieß die Sonderserie der K 1100 LT »Highline«.

BMW K 1 / K 100 RS 4V / K 1100 RS

Konkurrenzmodelle: Honda CB 1100 F, Kawasaki ZX10, Laverda 1000 SFC, Suzuki GSX 1100 F, Yamaha FJ 1200/GTS 1000

Typ	K 1 (1988 bis 1993)/ K 100 RS 4V (1990 bis 1992)	K 1100 RS (1992 bis 1996)
Ausführungen	Sport-Tourer / Tourensportler	Tourensportler
Motor	Reihen-Vierzylinder, längs liegend um 90° nach links geneigt, 4 V-förmig hängende Ventile, über 2 per Steuerkette angetriebene Nockenwellen mit Tassenstößeln betätigt (DOHC), Nasssumpfschmierung, Wasserkühlung, Elektrostarter	
Bohrung x Hub (mm)	67 x 70	70,5 x 70
Hubraum (cm³)	987	1092
Verdichtungsverhältnis	11,0 : 1	
Leistung (PS/kW) bei U/min	100/74 bei 8000	100/74 bei 7500
max. Drehmoment (Nm) bei U/min	100 bei 6750	107 bei 5500
Gemischaufbereitung	Motronic MA 2.1, Ø 35 mm	
Elektrik	Digitale Kennfeldzündung, Drehstromlichtmaschine 460 W, Batterie: 20–25 Ah (ab 1994: 700 W-Lichtmaschine, 19 Ah-Batterie)	
Antrieb	Einscheiben-Trockenkupplung, angeblocktes 5-Ganggetriebe, Fußschaltung, Kardanwelle mit 2 Kreuzgelenken, Kegelrad-Winkeltrieb	
Endübersetzung (Anzahl der Zähne)	2,75 (12/33) / 2,82 (11/31)	2,82 (11/31)
Rahmen	Brückenrahmen aus Stahlrohr, Motor mittragend	
Radaufhängung vorne	hydraulische Telegabel, Ø 41,4 mm	
Radaufhängung hinten	Paralever-Einarmschwinge mit hydr. Federbein (Vorspannung einstellbar)	
Federweg vorne / hinten (mm)	135/140 / 135/120	135/120
Lenkkopfwinkel, Nachlauf (mm)	63°, 90 / 64°, 90	64°, 90
Bremsen	vorne 2 Scheiben, Ø 305 mm, Zweikolben-Festsättel, hinten Scheibe, Ø 285 mm, Zweikolben-Festsattel; K1 ab 1991 mit ABS	
Räder vorne / hinten	Gussräder 3,50 x 17 / 4,50 x 18	
Reifen vorne / hinten	120/70 VR 17 / 160/60 VR 18	
Abmessungen L x B (mm)	2230 x 670 (Lenker) / RS: 800	2230 x 800
Radstand (mm)	1565	
Sitzhöhe (mm)	780	800
Leergewicht / zul. Gesamtgew. (kg)	280/480 / 277/480	268/480
Kraftstofftank (l)	22	
Verbrauch (l/100 km)	6,4 / 5,5 Super	4,9 Super
Höchstgeschwindigkeit (km/h)	234 / 220	220
Beschleunigung 0 – 100 km/h (sec.)	4,3	3,8
Sonstiges		
Produktionszahlen	6921 / 12 666	12 179
Vorgängermodell	– / K 100 RS	K 100 RS 4V
Nachfolgemodell	– / K 1100 RS	K 1200 RS
Preise (DM)	20 200 (1988) – 27 500 (1993) / 18 850 (1990) – 21 750 (1992)	21 950 (1990) – 26 960 (1996)
Serienzubehör	Vollverkleidung, K1: Sozius-Abdeckung, ab 1991: ABS, U-Kat	Halbverkleidung, ab 1994: Sondermodell mit Vollverkleidung, ABS, G-Kat
Extras	ABS (K1 bis 1990), RS: Gepäcktr., Koffer	ABS (bis 1993), Gepäckträger, Koffer

K 1100 RS (1992 bis 1996)

Weil die K 100 RS bereits 1989 auf den 1000er-Vierventilmotor und Paralever-Schwinge umgestellt worden war, kam die K 1100 RS erst ein Jahr nach der LT. Die Motorleistung war mit 100 PS gleich geblieben, doch der Durchzug beträchtlich angestiegen. Das bekannte Verkleidungs-Oberteil war jetzt Teil einer Vollverkleidung, und der Rahmen war u. a. am Steuerkopf verstärkt worden. Gegenüber der Ur-RS hatte die 1100er um 15 kg zugelegt. Kurz vor Schluss wurde eine schwarz/silberne Sonderserie herausgebracht, die inklusive polierter Gabel 3000 Mark Aufpreis kostete.

Um eine »1« und ein Verkleidungsunterteil reicher: Die K 1100 RS stellte nur eine Zwischenlösung dar.

K 1200 RS (1997 bis 2005)

Nachdem es wegen der neuen Boxer um die K-Reihe etwas ruhig geworden war, wurde die im Herbst 1996 vorgestellte neue RS ein echter Hingucker. Zum einen gab es sie in sehr gewagten Farbvarianten, und zum anderen war sie die erste BMW, mit der die in Deutschland geltende »freiwillige Selbstbeschränkung« auf 100 PS geknackt wurde. Der durch 5 mm mehr Hub auf

Stand RS jetzt für Raumschiff? Zumindest schienen Zeit und Raum keine Hindernisse mehr zu sein.

BMW K 1100 LT / K 1200 LT

Konkurrenzmodelle: Harley-Davidson Electra Glide Ultra Classic, Honda Gold Wing

Typ	K 1100 LT (1991 bis 1999)	K 1200 LT (ab 1999)
Ausführungen	Luxus-Tourer	Luxus-Tourer
Motor	Reihen-Vierzylinder, längs liegend um 90° nach links geneigt, 4 V-förmig hängende Ventile, über 2 per Steuerkette angetriebene Nockenwellen mit Tassenstößeln betätigt (DOHC), Nasssumpfschmierung, Wasserkühlung, Elektrostarter	
Bohrung x Hub (mm)	70,5 x 70	70,5 x 75
Hubraum (cm³)	1092	1171
Verdichtungsverhältnis	11,0 : 1	10,8 : 1
Leistung (PS/kW) bei U/min	100/74 bei 7500	98/72 (ab 2004: 116/85) bei 6750
max. Drehmoment (Nm) bei U/min	107 bei 5500	115 (119) bei 4500
Gemischaufbereitung	Saugrohr-Einspritzung Motronic MA 2.2, ∅ 35 mm	MA 2.4, ∅ 34 mm
Elektrik	Motronic, Drehstromlichtmaschine 460	840W, Batterie: 25	19 Ah
Antrieb	Einscheiben-Trockenkupplung, angeblocktes 5-Ganggetriebe, Fußschaltung, Kardanwelle mit 1 (K 1100) bzw. 2 Kreuzgelenken (K 1200), Kegelrad-Winkeltrieb	
Endübersetzung (Anzahl der Zähne)	2,91 (11/32)	2,62 (13/34)
Rahmen	Brückenrahmen aus Stahlrohr, Motor mittragend	Aluguss-Brückenrahmen mit Stahlrohr-Heck, Motor elastisch aufgehängt
Radaufhängung vorne	hydraulische Telegabel, ∅ 41,4 mm	Telelever-Gabel (∅ 41 mm) mit Federbein (Vorspannung einstellbar)
Radaufhängung hinten	Monolever-Einarmschwinge mit Federbein (Vorspannung einstellbar)	Paralever-Einarmschwinge mit Federbein (Vorspannung einstellbar)
Federweg vorne / hinten (mm)	135/120	115/130
Lenkkopfwinkel /Nachlauf (mm)	64° 101	63,2°/109 (ab 2004: 117)
Bremsen	vorne 2 Scheiben, ∅ 305 mm, Zweikolben- (K 1200 LT: Vierkolben-) Festsättel, hinten Scheibe, ∅ 285 mm, Zweikolben- (K 1200 LT: Vierkolben-) Festsattel	
Räder vorne / hinten	Gussräder 2,50 x 18 / 3,00 x 17	Gussräder 3,50 x 17 / 5,00 x 17
Reifen vorne / hinten	110/80 VR 18 / 140/80 VR 17	120/70 ZR 17 / 160/70 ZR 17
Abmessungen L x B (mm)	2250 x 915	2508 x 1080
Radstand (mm)	1565	1633
Sitzhöhe (mm)	810	770 oder 800
Leergewicht / zul. Gesamtgew. (kg)	290 – 301/500	378 – 387/600
Kraftstofftank (l)	22	24
Verbrauch (l/100 km)	6,7 Super	5,7 Super
Höchstgeschwindigkeit (km/h)	207	197 (ab 2004: 210)
Beschleunigung 0 – 100 km/h (sec.)	4,2	4,9 (ab 2004: 4,8)
Sonstiges		
Produktionszahlen	21 312	laufende Produktion
Vorgängermodell	K 100 LT	K 1200 LT
Nachfolgemodell	K 1200 LT	–
Preise	22 850 DM (1991) – 27 379 DM (1998)	34 880 DM (1999) – 20 550 EUR (2008)
Serienzubehör	Integral-ABS, elektr. Windschild, Koffer, Topcase mit Rückenlehne, Soundsystem	wie K 1100 LT, außerdem: Rückwärtsgang (per Anlasser), ab 2004: elektr. Hauptständer, Chrompaket etc.
Extras	Bordcomputer, Tempomat, CD-Wechsler, Alarmanlage, Zentralverriegelung, Sitzheizung, etc.; K 1200 LT ab 2006: Xenon-Licht	

K 1200 LT (AB 1999)

1171 cm³ Hubraum gebrachte Vierzylinder gab in der offenen Version 130 PS auf das ebenfalls neue Sechsganggetriebe ab. Die Antriebseinheit hing vibrationsentkoppelt unter einem Kastenprofil aus Aluminium mit angeschraubtem Stahlrohr-Heck. Das Vorderrad wurde wie bei den Boxern mit einer Telelever-Gabel geführt. Um die 285 kg Leergewicht plus Besatzung und Gepäck aus 245 km/h wieder sicher zum Stehen zu bringen, war ABS II serienmäßig an Bord.

Triebwerk: Die K 1200 RS trug BMWs erstes Motorrad-Aggregat mit über 100 PS.

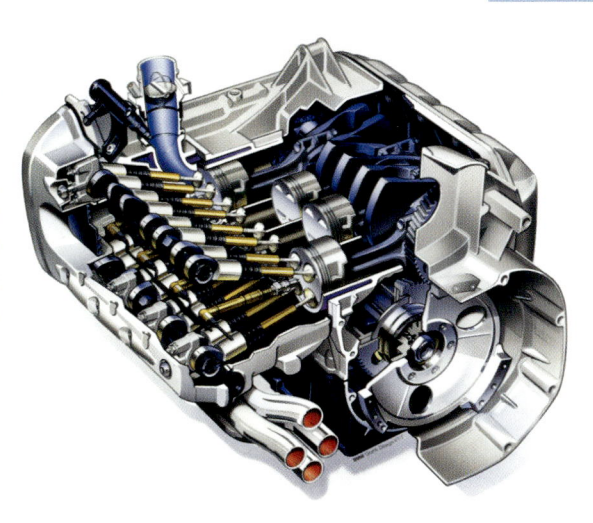

K 1200 LT (ab 1999)

Bei der neuen K 1200 LT durfte man dank des dreiteiligen Kofferraums mit 120 Litern Volumen, der Hifi-Musikanlage, des Bordcomputers samt Tempomat und vor allem des Leergewichts von über 380 kg (ohne Extras!) vom »Siebener auf zwei Rädern« sprechen.

Das mit einem verstärkten Heck versehene Fahrwerk entsprach dem der RS. Dem Motor hatte man bei geringem Verlust an Spitzenleistung deutlich mehr Drehmoment eingehaucht, sodass beim Getriebe ein Vorwärtsgang gespart werden konnte. Dafür gab es jetzt

Manchem Motorradfahrer verschlug es beim Anblick der K 1200 LT fast die Sprache. Das Gesamtgewicht hatte es in sich.

als Rangierhilfe wie bei der Honda Gold-Wing einen vom Anlasser angetriebenen Rückwärtsgang. Das Zubehörprogramm umfasste unter anderem separat beheizbare Sitze und Lehnen, eine Kühlbox und einen CD-Wechsler. 2004 erfolgte eine Überarbeitung von Motor und Fahrwerk, außerdem gab es jetzt einen mit einer Bodenbeleuchtung gekoppelten elektro-hydraulischen Hauptständer. (Technische Daten: S. 150)

Innenbeleuchtung, Bodenbeleuchtung, hydraulischer Hauptständer: Die Zubehörliste der K 1200 LT war lang.

K 1200 GT (2002 bis 2005)

Was früher RT hieß, wurde jetzt »Gran Tourismo«. Die GT war im Prinzip eine RS mit etwas breiterer und höherer Verkleidung samt elektrisch verstellbarem Windschild. Hinzu kamen serienmäßig Koffer. Mit immerhin 300 kg Leergewicht lag sie dennoch 80 kg unter der LT. Dafür hatte sie auch weder einen Rückwärtsgang noch einen elektrischen Hauptständer. Preislich lag sie anfangs 850 Euro über der RS, aber 3150 Euro unter der LT.

Die intern K 41 genannte »Gran Tourismo« war die letzte neue BMW mit längs montiertem Reihenmotor.

BMW K 1200 RS / K 1200 GT

Konkurrenzmodelle: Honda CBR 1100/Pan Europ., Kawasaki ZZR 1100/1200, Triumph Trophy 1200 , Yamaha GTS 1000/FJR 1300

Typ	K 1200 RS (1997 bis 2005)	K 1200 GT (K 41) (2002 bis 2005)
Ausführungen	Sport-Tourer	Reisemotorrad
Motor	Reihen-Vierzylinder, längs liegend um 90° nach links geneigt, 4 V-förmig hängende Ventile, über 2 per Steuerkette angetriebene Nockenwellen mit Tassenstößeln betätigt (DOHC), Nasssumpfschmierung, Wasserkühlung, Elektrostarter	
Bohrung x Hub (mm)	70,5 x 75	
Hubraum (cm³)	1171	
Verdichtungsverhältnis	11,5 : 1	
Leistung (PS/kW) bei U/min	130/96 bei 8750 oder 98/72 bei 7000	
max. Drehmoment (Nm) bei U/min	117 bei 6750 oder 118 bei 5500	
Gemischaufbereitung	Saugrohr-Einspritzung Motronic MA 2.4, Ø 38 mm (98 PS: 34 mm)	
Elektrik	Motronic, Drehstromlichtmaschine 720 (ab 2002: 840) W, 20 Ah-Batterie	
Antrieb	Einscheiben-Trockenkupplung, angeblocktes 6-Ganggetriebe, Fußschaltung, Kardanwelle mit 2 Kreuzgelenken, Kegelrad-Winkeltrieb	
Endübersetzung (Anzahl der Zähne)	2,75 (12/33)	
Rahmen	Aluguss-Brückenrahmen mit Stahlrohr-Heck, Motor elastisch aufgehängt	
Radaufhängung vorne	Telelever-Gabel, Ø 41 mm, mit Federbein (Vorspannung einstellbar)	
Radaufhängung hinten	Paralever-Einarmschwinge mit Federbein (Vorspannung/Zugstufe einstellbar)	
Federweg vorne / hinten (mm)	115 / 150	
Lenkkopfwinkel /Nachlauf (mm)	62,8°/ 124	
Bremsen	vorne 2 Scheiben, Ø 305 (ab 2001: 320) mm, Vierkolben-Festsättel, hinten Scheibe, Ø 285 mm, Zweikolben-Festsattel	
Räder vorne / hinten	Gussräder 3,50 x 17 / 5,00 x 17, (ab 2002: 5,50 x 17)	
Reifen vorne / hinten	120/70 ZR 17 / 170/60 ZR 17 (ab 2002: 180/55 ZR 17)	
Abmessungen L x B (mm)	2250 x 680 (Lenker)	2250 x 715 (Lenker)
Radstand (mm)	1555	
Sitzhöhe (mm)	770 oder 800	790 oder 820
Leergewicht / zul. Gesamtgew. (kg)	285/500	300/500
Kraftstofftank (l)	20,5	
Verbrauch (l/100 km)	5,9 Super	6,1 Super
Höchstgeschwindigkeit (km/h)	245 (98 PS: 225)	
Beschleunigung 0 – 100 km/h (sec.)	3,7 (98 PS: 4,1)	
Sonstiges		
Produktionszahlen	16 020	10 282
Vorgängermodell	K 1100 RS	K 100 RT
Nachfolgemodell	K 1200 S	K 1200 GT (Quermotor)
Preise	27 860 DM (1997) – 15 212 EUR (2005)	15 800 EUR (2003) – 16 200 EUR (2005)
Serienzubehör	ABS, Lenkungsdämpfer	ABS, Koffer, elektr. Windschild
Extras	Gepäcksystem	Sitzheizung, Tempomat

K 1200 S (ab 2004)

Fast zehn Jahre nach dem letzten S-Modell der K-Reihe (der K 75 S) wurde im Herbst die K 1200 S vorgestellt, die bis auf einen Vierzylindermotor und Kardanantrieb keinerlei Gemeinsamkeiten mit vorherigen Modellen hatte. BMW hatte den Motor quer eingebaut! Gründe hierfür gab es mehrere: Um richtig Leistung produzieren zu können, muss ein Motor kurzhubig ausgelegt sein, dadurch werden die Kolben größer, und der Motor baut länger. Hinzu kam, dass gerade Ansaugkanäle beim alten Konzept zu Problemen bei der Positionierung der Drosselgehäuse geführt hätten. Mit 1571 mm Radstand war die K 1200 S immer noch etwa 10 cm länger als eine Suzuki Hayabusa oder Kawasaki ZZR 1400. Die Getriebewellen waren hinter den fast eben liegenden Zylindern (55° geneigt) übereinander

Beim Duolever wird das Vorderrad über zwei Längslenker geführt.

Die neue K versteckte ihre Vorderradführung zunächst verschämt hinter einer Verkleidung.

angeordnet. Zur weiteren Verbesserung des Schwerpunktes war eine Trockensumpfschmierung vorhanden. Erstmals bei BMW saß der Kardanantrieb links, sodass die Ausgangswelle des Kassettengetriebes vorwärts drehen konnte – sehr vorteilhaft, wenn man irgendwann ein Kettenritzel montieren möchte ... Unter der Verkleidung kaum sichtbar arbeitete die in den 1980er-Jahren von Norman Hossack entwickelte »Duolever«-Vorderradgabel mit zwei parallelen Längslenkern, die (mal wieder) im Serienbau eine Weltneuheut darstellte. Mit der aufpreispflichtigen elektronischen Fahrwerkseinstellung »ESA« ließen sich während der Fahrt vorne und hinten die Stoßdämpfer abstimmen. »S« stand nun für 248 kg, 167 PS und 272 km/h Höchstgeschwindigkeit. Anfängliche Probleme mit den Motoren bekam man schnell in den Griff und tauschte problematische Aggregate aus.

Der quer liegende Vierzylinder erforderte im Antrieb eine doppelte Umlenkung.

K 1200 R (ab 2005)

Während die »nackten« Versionen vieler Supersportler mit neuen Fahrwerken und Motoren aus Restbeständen vorheriger Serien ausgerüstet sind, stellte BMW kurz nach Einführung der K 1200 S eine Maschine vor, der wirklich nur die Verkleidung entfernt worden war. Bei genauer Betrachtung der ab Sommer 2005 angebotenen K 1200 R (»Roadster«) konnten zwar noch eine etwas steiler angestellte Gabel, 9 mm mehr Radstand oder eine schmalere Sitzbank ausgemacht werden (zudem hatte man die Übersetzung etwas kürzer gewählt und die Leistung um 4 PS zurückgenommen), doch zumindest die ersten zwei Jahre konnte BMW damit werben, das stärkste »Naked Bike« der Welt zu produzieren. Ein mit der Maschine bestrittener Markencup sollte den sportlichen Anspruch untermauern.

Bis zum Erscheinen der Suzuki B-King das stärkste Nackt-Motorrad der Welt: K 1200 R.

BMW K 1200 S / K 1200 R

Konkurrenzmodelle: Honda CBR 1100 XX/CB 1300, Kawasaki ZZR 1400/ZXR 1200, Suzuki Hayabusa/B-King, Triumph Sprint/Speed Triple, Yamaha MT-01

Typ	K 1200 S (ab 2004)	K 1200 R (ab 2005)
Ausführungen	Sport-Tourer	Naked-Bike
Motor	Reihen-Vierzylinder, quer liegend, um 55° nach vorne geneigt, 4 V-förmig hängende Ventile (32/27,5 mm), über 2 per Steuerkette und Zahnräder angetriebene Nockenwellen mit Schlepphebeln betätigt (DOHC), Trockensumpfschmierung, 2 Ausgleichswellen, Wasserkühlung, Elektrostarter	
Bohrung x Hub (mm)	79 x 59	
Hubraum (cm³)	1157	
Verdichtungsverhältnis	13,0 : 1	
Leistung (PS/kW) bei U/min	167/123 bei 10 250	163/120 bei 10 250
max. Drehmoment (Nm) bei U/min	130 bei 8250	127 bei 8250
Gemischaufbereitung	Saugrohr-Einspritzung BMSK, Ø 46 mm	
Elektrik	BMSK, Drehstromlichtmaschine 580 W, 14 Ah-Batterie, CAN-Bus	
Antrieb	Mehrscheiben-Ölbadkupplung, integriertes 6-Ganggetriebe, Fußschaltung, Kardanwelle mit 2 Kreuzgelenken, doppelte Umlenkung	
Endübersetzung (Anzahl der Zähne)	2,82 (11/31)	2,91 (11/32)
Rahmen	Brückenrahmen und angeschraubtes Heck aus Alu-Profilen, Motor versteifend	
Radaufhängung vorne	Duolever-Gabel mit einstellbarem Federbein	
Radaufhängung hinten	Paralever-Einarmschwinge mit einstellbarem hydraulischem Federbein	
Federweg vorne / hinten (mm)	115 / 135	
Lenkkopfwinkel /Nachlauf (mm)	60,6°/112	61°/101
Bremsen	vorne 2 Scheiben, Ø 320 mm, Vierkolben-Festsättel, hinten Scheibe, Ø 265 mm, Zweikolben-Festsattel; S: ABS	
Räder vorne / hinten	Gussräder 3,50 x 17 / 6,00 x 17	Gussräder 3,50 x 17 / 5,50 x 17
Reifen vorne / hinten	120/70 ZR 17 / 190/50 ZR 17	120/70 ZR 17 / 180/55 ZR 17
Abmessungen L x B (mm)	2282 x 786	2228 x 785
Radstand (mm)	1571	
Sitzhöhe (mm)	820 (a.W. 790)	
Leergewicht / zul. Gesamtgew. (kg)	248/450	237/450
Kraftstofftank (l)	19	
Verbrauch (l/100 km)	5,7 Super Plus	5,7 Super Plus
Höchstgeschwindigkeit (km/h)	272	250
Beschleunigung 0 – 100 km/h (sec.)	3,0	2,9
Sonstiges		
Produktionszahlen	laufende Produktion	laufende Produktion
Vorgängermodell	K 1200 RS	K 100 (1983)
Nachfolgemodell	–	
Preise (EUR)	14 850 (2004) – 15 590 (2008)	12 950 (2005) – 13 640 (2008)
Serienzubehör	Teilintegral-ABS	
Extras	ESA, Hauptständer, Koffer mit Halter	ABS, ESA, 6-Zollfelge hi., Hauptständer, Windschild, Koffer mit Halter

K 1200 GT (ab 2006)

Als dritte Version mit quer installiertem Vierzylinder erschien im Frühjahr 2006 die K 1200, mit der das gleichnamige Längsmotor-Modell abgelöst wurde. Laut Pressetext hatte die neue 17 % mehr Leistung, 11 % mehr Drehmoment, 19 % mehr Zuladung und war immerhin 6 % leichter als die alte GT. Dazu war der Preis um 10 % gestiegen. Neben den vom Vorgänger und der K 1200 S bekannten Details und Ausstattungsmerkmalen bleiben ein verstellbarer Lenker und Fahrersitz sowie optional erhältliche Schlupfkontrolle (ASC), eine Reifendruckkontrolle und Xenon-Licht erwähnenswert.

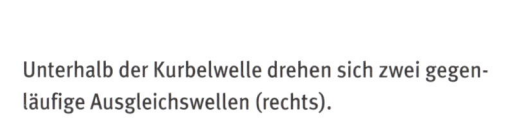

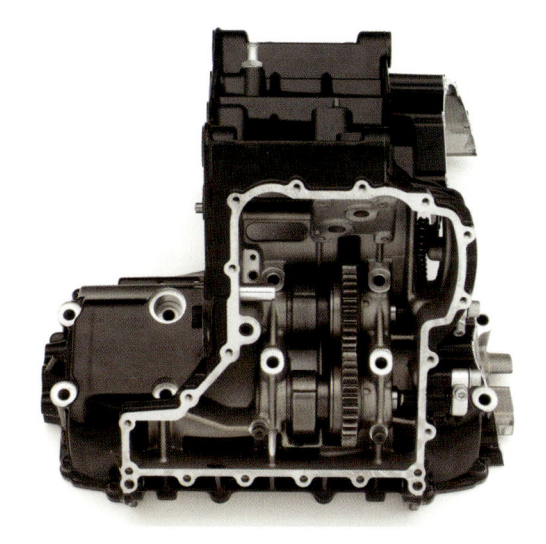

Unterhalb der Kurbelwelle drehen sich zwei gegenläufige Ausgleichswellen (rechts).

Deutlich wuchtiger als das Vorgängermodell: K 1200 GT.

K 1200 R Sport (ab 2007)

Wer nicht auf die vollverschalte K 1200 S stand, aber der Meinung war, dass »naked« im Wind bei 165 PS auch nicht das Richtige war, konnte 2007 zur K 1200 R Sport (nicht zu verwechseln mit RS!) greifen, die mit einer rahmenfesten Halbverkleidung samt des Scheinwerfers von der R 1200 S ausgerüstet war. Fahrwerk und Antrieb stammten von der um 460 Euro günstigeren K 1200 R. Wie bei dieser war ABS nur gegen einen Aufpreis von 1050 Euro erhältlich, auch die elektronische Stoßdämpfereinstellung ESA, mit der das Fahrwerk während der Fahrt abgestimmt werden konnte, gab es für 660 Euro zusätzlich.

Die aus Getriebe und Winkeltrieb bestehende Antriebskassette kann nach der Demontage der Kupplung ausgebaut werden.

Halbnackt: Wie die S und die R trägt auch die K 1200 R Sport das an eine Zunge erinnernde Rücklicht.

BMW K 1200 GT / K 1200 R Sport

Konkurrenzmodelle: Honda Pan European/CB 1300S, Moto Guzzi Norge 1200 GT, Suzuki Bandit S 1250, Yamaha FJR 1300

Typ	K 1200 GT (ab 2006)	K 1200 R Sport (ab 2007)
Ausführungen	Reisemotorrad	Sport-Tourer
Motor	Reihen-Vierzylinder, quer liegend, um 55° nach vorne geneigt, 4 V-förmig hängende Ventile (32/27,5 mm), über 2 per Steuerkette und Zahnräder angetriebene Nockenwellen mit Schlepphebeln betätigt (DOHC), Trockensumpfschmierung, 2 Ausgleichswellen, Wasserkühlung, Elektrostarter	
Bohrung x Hub (mm)	79 x 59	
Hubraum (cm³)	1157	
Verdichtungsverhältnis	13,0 : 1	
Leistung (PS/kW) bei U/min	152/112 bei 9500	163/120 bei 10 250
max. Drehmoment (Nm) bei U/min	130 bei 7750	127 bei 8250
Gemischaufbereitung	Saugrohr-Einspritzung BMSK; Ø 46 mm	
Elektrik	BMSK, Drehstromlichtmaschine 945 | 580 W, Batterie: 19 | 14 Ah, CAN-Bus	
Antrieb	Mehrscheiben-Ölbadkupplung, integriertes 6-Ganggetriebe, Fußschaltung, Kardanwelle mit 2 Kreuzgelenken, doppelte Umlenkung	
Endübersetzung (Anzahl der Zähne)	2,82 (11/31)	2,91 (11/32)
Rahmen	Brückenrahmen und angeschraubtes Heck aus Alu-Profilen, Motor versteifend	
Radaufhängung vorne	Duolever-Gabel mit einstellbarem hydraulischem Federbein	
Radaufhängung hinten	Paralever-Einarmschwinge mit einstellbarem Federbein	
Federweg vorne / hinten (mm)	115 / 135	
Lenkkopfwinkel /Nachlauf (mm)	60,5°/112	61°/101
Bremsen	vorne 2 Scheiben, Ø 320 mm, Vierkolben-Festsättel, hinten Scheibe, Ø 294 | 265 mm, Zweikolben-Festsattel; GT: ABS	
Räder vorne / hinten	Gussräder 3,50 x 17 / 5,50 x 17	
Reifen vorne / hinten	120/70 ZR 17 / 180/55 ZR 17	
Abmessungen L x B (mm)	2318 x 956	2228 x 785
Radstand (mm)	1571	
Sitzhöhe (mm)	820 bis 840, a.W. 800 bis 820	820, a.W. 790
Leergewicht / zul. Gesamtgew. (kg)	282/520	240/450
Kraftstofftank (l)	24	19
Verbrauch (l/100 km)	5,7 Super Plus	5,7 Super Plus
Höchstgeschwindigkeit (km/h)	250	260
Beschleunigung 0 – 100 km/h (sec.)	3,1	2,9
Sonstiges		
Produktionszahlen	laufende Produktion	laufende Produktion
Vorgängermodell	K 1200 GT (K 41)	K 100 (1983)
Nachfolgemodell	–	–
Preise (EUR)	17 440 (2007/2008)	14 100 (2007/2008)
Serienzubehör	Integral-ABS, Bremsbelag-Verschleißanzeige, elektr. Windschild, Koffer	Halbverkleidung
Extras	ESA, ASC, Xenon-Licht, Reifendruck-Kontrolle, Topcase, Bordcomputer	ABS, ESA, 6-Zollfelge hi., Hauptständer, Windschild, Bugverkl., Gepäcksystem

Hintergründe und Details ...

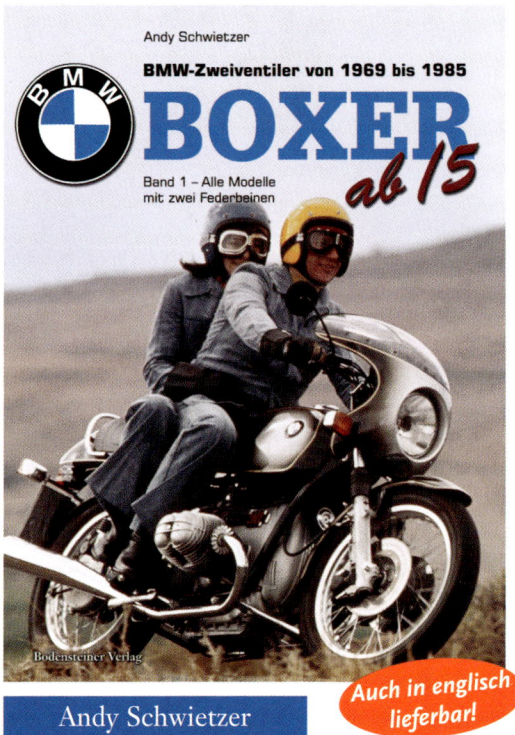

Andy Schwietzer
BMW Boxer
BMW-Zweiventiler von 1969 bis 1985
Band 1 – Alle Modelle mit zwei Federbeinen
176 Seiten, ca. 340 Bilder, HC, 29,80 Euro
ISBN 978-3-9806631-4-4

Auch in englisch lieferbar!

Andy Schwietzer
BMW Boxer
BMW-Zweiventiler von 1980 bis 1996
Band 2 – Alle Modelle mit Einarmschwinge
ca. 170 Seiten, ca. 300 Bilder, HC, 29,80 Euro
ISBN 978-3-9806631-6-8

in jeder Buchhandlung oder portofrei direkt beim Verlag

Bodensteiner Verlag

Neuwallmodener Straße 14, D-38729 Wallmoden, Telefon 0 53 83 / 16 62,
Fax 0 53 83 / 90 71 93, gudrun.schwietzer@t-online.de, www.Bodensteinerverlag.de